教育的彼岸（三）

建设现代学校

褚宏启 著

教育科学出版社

·北京·

出 版 人 郑豪杰
责任编辑 王晶晶
版式设计 杨玲玲
责任校对 贾静芳
责任印制 米 扬

图书在版编目（CIP）数据

教育的彼岸．三，建设现代学校／褚宏启著.
北京：教育科学出版社，2024.8（2024.11重印）
. --ISBN 978-7-5191-4047-2

Ⅰ.G40-06
中国国家版本馆 CIP 数据核字第 202452BW70 号

写给中小学教师与管理者的"通俗教育学"
教育的彼岸（三）：建设现代学校
JIAOYU DE BI'AN（SAN）：JIANSHE XIANDAI XUEXIAO

出 版 发 行	教育科学出版社	
社 址	北京·朝阳区安慧北里安园甲9号	邮 编 100101
总编室电话	010-64981290	编辑部电话 010-64989363
出版部电话	010-64989487	市场部电话 010-64989009
传 真	010-64891796	网 址 http://www.esph.com.cn
经 销	各地新华书店	
制 作	北京金奥都图文制作中心	
印 刷	河北鹏远艺兴科技有限公司	
开 本	720毫米×1020毫米 1/16	版 次 2024年8月第1版
印 张	16.75	印 次 2024年11月第3次印刷
字 数	205千	定 价 66.00元

褚宏启老师的文章我之所以每篇必读，不仅因为他的同理心，他是国内最懂学校、最懂校长的学者，而且更因为他的敏锐和犀利，他把复杂问题简单化的能力，让我敬佩，这样的文章不仅管理者渴求，一线老师们也一定会从中获益良多。

——李希贵（新学校研究会会长）

我喜欢褚宏启教授正直真诚、温暖大气的为人；欣赏他平实却深刻、通俗却生动的文风；更敬佩他见地深刻、严谨执着的学者风范。褚教授是我二十多年前首届校长高研班的导师，亦是当时年轻却资深的培训专家。他的文章我大多读过，此次成书，我用了两天时间又粗读了一下，深感不仅是量的汇集，更有了质的跨越。这本书让我们得以窥见教育的彼岸，一个充满人道性与民主性的理想教育。在为我们揭示现代教育本质的同时，提供了现代教育的诸多实践路径，极具启发性和营养性。书中涉及一些真问题、困惑问题、顽疾问题、我们热衷其中却不知道是问题的问题，虽然尖锐却充满建设性。相信读者们读来都会有感悟，有启发，有思考！

——李烈（中国教育学会小学教育专业委员会理事长、北京市正泽学校校长）

《教育的彼岸》三部曲是写给中小学教师与管理者的"通俗教育学"，展现了一位教育学人，对于"现代教育"、"现代人"和"现代学校"等核心问题的创造性理解和独特性表达，既为读者描绘了一幅现代教育图景，也在宏观的国家教育政策、抽象的理论表述与微观教育实践之间，架起了可以驻足其上、行走其中的桥梁。

——李政涛（中国教育学会副会长、教育部中学校长培训中心主任）

在大变革时代，面对全球化的挑战和数字化、智能化的激荡，中小学教师和管理者因工作任务繁重、繁复、繁琐，容易迷失方向、失去激情和放弃责任。阅看《教育的彼岸》三部曲，能让中小学教师和管理者体悟从事现代教育的岗位幸福感、感悟培养现代人的事业成就感、领悟共建浸透着现代精神的现代学校的社会荣誉感。

——张新平（南京师范大学教科院教育领导与管理研究所所长）

这是一本适合零碎时间阅读的书，有观点金句的意蕴，又有可以化用的借鉴；一本揭示教育真实现状的书，让实践者在心有戚戚的困惑和问题中，找到破解的钥匙；一本满怀对学生、教师、校长深情期许的书，关注生命价值与专业成长，教我们如何在复杂的教育情境中确认和安放自我；一本充满现代教育理性精神的书，清晰简明、掷地有声，让读者不禁思考从教育的此岸抵达彼岸，究竟有多远。如果你想翻开这本书，请跟着作者的言说，一篇一篇，"迈向"教育的彼岸。

——窦桂梅（清华大学附属小学校长）

《教育的彼岸》中的很多文章来自《中小学管理》的"宏启观察"专栏，我曾有幸是这些文章的第一读者。本书是褚宏启教授近二十年来关于教育的近身观察与真实感受，见人见事见未来，有观察有批判有建议，有灵魂接地气甚至有血性！曾经引起我们强烈的共鸣，曾经引领我们走出一个个雷区，也必将继续引领我们走向教育的辉煌彼岸。

——孙金鑫（《中国基础教育》主编、《中小学管理》原主编）

走向教育的彼岸

"彼岸"一词有三种含义：一是江河湖海的对岸；二是佛教所指的脱离尘世烦恼、修成正果之处；三是比喻所追求和向往的一种境界。"教育的彼岸"取第三种含义，是指教育的理想境地。

教育的彼岸或理想的教育，是超越现实的、美好的教育，是人人都向往的教育理想国，起码不像此岸的教育那么卷，孩子不会那么累，不再只以分数论英雄，学生能健康快乐成长，能获得全面发展、个性发展与可持续发展；学生、教师、学校都有更多的自主权，政校关系更加和谐，师生关系更加民主，家校关系更为友好，学校、教师和家长都更加尊重学生，都能以人道精神对待每一个学生，真诚地关注与关心他们的内心感受、喜怒哀乐、兴趣需要，切实地激发他们的生命活力、学习动力、发展潜力。

教育的彼岸是期许之地，是教育乐土，其典型特征就是教育具有"现代精神"。理想的教育、彼岸的教育是具有现代精神的"现代教育"，走向教育的彼岸就是走向现代教育。现代精神或者现代性是教育现代化的本质，教育现代化是一个由传统教育转向现代教育的历史过程，是教育现代性不断增长与实现的发展过程。

教育的现代精神包括教育的人道性、科学性、民主性、法治性、专业性等方面，其中，人道性是首要特征。现代精神是本书一脉相承、一以贯之的主线。《教育的彼岸》分为三卷，三卷副书名依次为"走向现代教育""培育现代人""建设现代学校"，三者文脉相同，内涵一致，都是弘扬教育的现代精神，倡导以现代教育、现代学校培育现代人，进而建设现代国家。

从此岸走向彼岸，并不容易，其间充满艰辛，有激流险滩，有狂风暴雨，有顽瘴痼疾，有艰难险阻，克服种种困难不仅需要智慧，更需要勇气。教学的改进需要勇气，管理的改进也需要勇气。狭路相逢勇者胜，勇气来自对"现代精神"的坚守与坚持，来自心中笃定的教育信念与教育情怀。只有做具有现代精神的教育，教育工作者才能为自己找到从事教育职业的价值和尊严。整天陷在题海战术、分数旋涡、升学竞争中的教育人生，其价值是大打折扣的，每一个教育工作者都应该从超越此岸走向彼岸的过程中，获得内在的专业成长和生命价值。需要谨记的是，此岸并非漆黑一片，此岸有成绩有问题、有亮点有难点，此岸是走向彼岸的基础，我们应该从此岸中汲取经验教训、获取信心与力量，并在现代精神的引领下，更快更好地走向彼岸。我们反对历史虚无主义，反对割裂教育发展与改革的连续性，反对否定广大实际工作者过去和现在所做的实际工作的价值。不能只要彼岸，否定此岸。教育要在守正（坚守现代精神）中创新，在继承（反对历史虚无主义）中创新。

本书是为基础教育领域的实际工作者而写的，是近二十年来个人教育随笔的集成，语言通俗易懂，篇幅短小精悍，不同于术语繁多、篇幅冗长的学术文章，收录的多数文章都在两千字以内，可以说，本书是为中小学教师和管理者量身打造的"通俗教育学"。

本书通俗，但不庸俗，直面现实中或者说此岸中的教育问题，并以"现代精神"为价值导向分析问题与解决问题。对于现实问题，不回避不掩盖，有尖锐的批评，但是更强调建设性，力求在分析问题的基础上，提出明确的解决问题的针对性策略。本书最大的期待就是，能够为基础教育工作者包括教育公务员、中小学教师和管理者、教育培训人员等等的日常工作，提供实实在在的启示和帮助。可读性与实用性是本书的突出特点。

此书不是一蹴而就的急就篇，而是对过去二十年尤其是对过去八年多教育改革中现实问题的持续观察与思考。2016 年 1 月，我在《中小学管理》开设教育专栏"宏启观察"，每月写一篇，写到2024 年 4 月，历时 100 个月即八年零四个月，共写了 100 篇。此前不断有教育界和出版界的朋友督促结集出版，写完 100 篇之时，也是一个好的时间节点，于是开始收集整理这些文稿。本书共收录139 篇文章，以"宏启观察"专栏文章为主，加上在《中小学管理》《中国教育学刊》《人民教育》《中国基础教育》等发表的其他40 余篇文章。最早的一篇是发表于《中小学管理》2005 年第 6 期的《建设现代学校制度：校长应注意什么?》，最晚的一篇是发表于《中小学管理》2024 年第 7 期的《教育管理实践与教育管理研究向何处去》，前后时间跨度近二十年。从这个意义上讲，本书也是对过去二十年尤其是过去八年多我国基础教育改革与发展的观察和记录，有助于我们回顾历史、立足现实、展望未来，有助于我们看清来时路，能够更加清醒地从此岸走向彼岸。

本书原计划出一本，但是排版之后发现篇幅较大，为便于读者携带与阅读，于是分为三卷出版。三卷书名分别为《教育的彼岸（一）：走向现代教育》《教育的彼岸（二）：培育现代人》《教育的彼岸（三）：建设现代学校》，分别收录 41 篇、52 篇、46 篇文章。这三卷书共同构成一个相对完整的"通俗教育学"知识体系，其中的每一篇文章，都适合于实际工作者包括每一位中小学教师阅读。绝不是三本书分别有不同的读者对象。

这些文章从题目到内容，都来自活生生的基础教育实践，所涉及的都是真问题，都是实际工作者关心的问题、遇到的难题，在对这些问题进行观察、思考、写作的过程中，我向广大中小学校长、中小学教师、教育局局长、教研员请教很多，也获益很多，是他们支撑起中国的基础教育，是他们给了我理论的勇气与自信。我的很多学术观点不是产生于书本，而是来自真实的中国基础教育实践，实践是理论的源头活水。在此，对广大实际工作者表示衷心的感谢，这本书凝聚着他们的经验与智慧。

最后，感谢《中小学管理》和教育科学出版社对于本书出版所给予的鼎力支持！感谢责任编辑王晶晶女士为本书优质高效出版所付出的劳动！

褚宏启

2024 年 7 月于北京师范大学寓所

目　　录

第 一 编

让每一所学校充满生机与活力

学校活力最后要落到、要体现为学校中每个人的活力，包括学校管理者的活力、教师的活力、学生的活力，甚至家长的活力。

抓住教育治理的本质

　　"教育治理"是一个很热的词，也是一个很时髦的词，大家都很喜欢用，但是使用的随意性很大，有时甚至张冠李戴、南辕北辙。推进教育治理，必须抓住教育治理的本质，不能"挂着羊头卖狗肉"，更不能"打着红旗反红旗"。

　　当前，教育实践领域甚至教育理论界，对于教育治理有诸多误解。其一，认为治理就是"严管"。"治理"这个词过去早就在教育领域使用，如"学校周边环境综合治理"，含有对于不法行为严加管治的意思。也有人把治理理解为"管住""治住"。总之，从严就是了，而且是自上而下的严管，如政府管学校、学校管老师、老师管学生，管得规规矩矩、老老实实。这种对于治理的理解，恰恰与治理的本质完全相反。其二，认为治理就是依法治教，就是管理的法治化与制度化，要制定严格的制度，确定明确的责任，并从严问责。法治化与制度化的确是治理的组成部分，但不是最关键的部分，只是次要的从属的部分。治理的本质是多元共治，是民主参与，偏离了这个本质，制度与规则就成为管控的工具，而不是发展人、解放人的手段。其三，认为治理就是管理信息化，就是利用互联网，尤其是利用大数据监测甚至监控师生的学习行为、教学行为以及其他行为，从而做到科学管理、精准分析，以提高管理效率。

这是对于治理"最时髦"的理解，把治理与现代信息技术对接起来，治理也因此"高大上"起来。但是，技术只是一种手段，可以用来干好事也可以用来干坏事，而治理是有明确的正面的价值方向的，是充满民主与人道精神的。把治理狭隘地理解为管理信息化，远远偏离了治理的本意。

还有人包括一些学者把治理与管理对立起来，认为管理是落后的，而治理才是先进的，甚至很多人还使用"从管理到治理是重要进步"之类的表述。实际上，管理包括治理，治理只是管理的一种高级形态，是管理现代化的一种具体体现。管理现代化有很多内容，如管理的科学化、民主化、法治化（制度化）及信息化等。但是治理的根本特征是民主化，即便法治化也只是次要特征，离开民主谈法治，法治没有意义，起码会丧失很多意义。因此，我们谈论和推进教育治理，必须抓住治理的最本质特征，否则，就跑题了走偏了，即便下笔千言也会离题万里。当前这类离题万里的文字还的确不少。

治理的典型特征是多元主体共同参与，即"共治"。我曾经给教育治理下过一个比较学术化的定义：教育治理是指国家机关、社会组织、利益群体和公民个体，通过一定的制度安排进行合作互动，共同管理教育公共事务的过程。可见，教育治理的核心要义是民主化，法治化与制度化等都是从属的，是为民主化提供服务与保障的。

治理与教育治理都不是随意出现的。治理的理念为什么能在全球大行其道？在于出现了"政府失灵"与"市场失灵"，社会多元参与的治理必须出面救场。

先看政府失灵问题。政府干预过多，管得过多，会造成政府精力不济、负担过重、服务低劣、效率低下、忽视大局等问题；会压抑学校的办学活力，学校穷于应付，没有时间务正业，还会导致学校对政府的过度依赖，使得学校特别是校长的进取心消减和责任感萎缩；导致政府垄断教育，挤压社会各种力量参与办学的空间，阻碍各种教育中介组织的发育和成长。

为救治政府失灵，市场化改革包括教育领域的市场化改革应运而生，企图运用灵活的市场手段化解政府的僵化管理，给教育带来竞争与活力。但是，市场追求利润，市场对有钱人、有购买力的人更为友好。在教育的市场化改革中，穷人并不能真正受益，无权无势的弱势群体没有钱把孩子送到收费高昂的某些优质学校，甚至没有钱给孩子报各种各样的补习班，教育差距进一步拉大，教育变得更加不公平。教育市场化甚至对所有的学生，无论贫富贵贱，都造成了伤害。当下大量补习机构都"磨刀霍霍"朝向中小学生，损害了教育的公益性，损害了孩子们的身心健康，已经破坏了正常的教育生态。市场的力量、商业化的力量，在资本与技术的双重加持下，不仅冲击宏观教育，也渗透进校园甚至班级。

可见，单一主体的政府管理以及市场化导向的教育改革，各自都有其不能克服的弊端。而且，只靠市场来解决政府失灵问题，是解决不了问题的，反而会带来更多的更严重的问题，国内外的教育市场化改革都证明了这一点。那么，只靠政府来解决市场失灵问题，如当下对于社会补习机构的严格管控，会产生某些积极的效果，但同时也会产生由政府失灵所带来的某些副作用，诸如效率低下、抑制活力等等。因此，单纯的市场手段和单纯的政府干预都不能最有效地促进教育发展，教育发展需要新的调节机制。这个新的调节机制就是教育治理机制，就是多元主体对于教育公共事务的民主参与。多元共治的基本思路是用社会的力量、基层的力量，去遏制政府权力的滥用，去对冲市场的商业化倾向，形成政府宏观管理、学校自主办学、社会广泛参与的格局，以更好地调动中央和地方政府的积极性，更好地激发每个学校的活力，更好地发挥全社会的作用，最后达到保护教育公益性、保护学生教育权益的目的。

教育治理如何发挥作用呢？其机理与机制如何？治理与教育治

理的实质是民主，而且是一种新的民主形态，是微观层次上的直接参与式民主，不是国家层次上、政治意义上的代议制民主与选举式民主，不指涉现存的宏观的国家权力、结构制度安排。教育治理这种民主参与是基层民主、直接民主、协商式民主，也是实质性民主，相关主体直接表达与维护自己的"实质性的利益诉求"。如在班级管理中家长和学生的民主参与，有利于更直接有效地维护学生的各种实体性权利。

教育治理这种参与式的基层民主，有利于充分征询民意和集中民智、协调和整合各种利益冲突、形成共识并合理决策，以更好地解决问题，有利于共同解决教育管理中回应性不足、民主性缺失、公共性偏离等一揽子问题。

教育治理中的多元共治，主要是针对政府而言的，但是我认为，可以进一步拓展到更多的层面，如学校层面甚至班级层面。在政府层面推进多元共治，意味着政府要给学校与社会分权，推进学校自治；意味着政府决策中要让学校、教师，甚至家长和学生有更多的参与，同时还要发挥专业组织或人员尤其是专家们的作用，充分听取他们的意见和建议，不能一意孤行。学校层面的多元共治，要求推进教师、学生、家长、社区以及专业组织的民主参与。班级层面的多元共治，要求推进学生、家长、科任教师等各方的民主参与。民主参与，能给各个层级带来决策的科学化与理性化，能带来生机与活力，能有效挤压官僚主义和形式主义的生存空间，让大大小小的教育管理活动更加合理，让学校中的学生、教师和管理人员心情更加舒畅。

教育治理本身既育人，又养心。治理是个好东西，我们要抓住教育治理的本质推进教育治理的现代化，把教育治理做足用好。

（原文发表于《中小学管理》2021 年第 4 期）

追寻教育治理的本意

21世纪末，"治理"（governance）问题在我国学界就有不少研究，而成为研究热点则始于2013年党的十八届三中全会要求"推进国家治理体系和治理能力现代化"，2019年党的十九届四中全会使得治理研究进一步升温。当前，"治理"成为一个时髦的词汇，但也存在将治理概念泛化的倾向，把一切管理活动都贴上治理的标签。更为严重的是还存在曲解问题，把治理曲解为严苛管控，与治理的本意南辕北辙。

何为教育治理？教育治理是指国家机关、社会组织、利益群体和公民个体，通过一定的制度安排进行合作互动，共同管理教育公共事务的过程。教育治理的典型特征是"共治"，是多元主体共同参与管理，不是政府单一主体的自上而下的管理。教育治理不是空穴来风，是我国改革开放以来简政放权、教育行政职能转变、建设现代学校制度、管办评分离、放管服结合等等改革的延续与深化。

为什么需要教育治理？概括地讲，是为了解决教育管理中的"政府失灵"与"市场失灵"问题。现代教育形态丰富多样，其中的利益关系错综复杂，只靠政府进行管理，解决不了信息不对称的问题，会出现越位、缺位、错位等问题，教育效率低下。国内外实践证明，无所不管的"全能政府"是管不好教育的；只靠市场进行教育管理与资源配置，推行教育市场化，市场的逐利性导致教育公共利益尤其是弱势群体的教育权益难以得到有效保障，教育公平状况恶化。国内外实践同样证明，教育、医疗等公共事业不能交给市场，"市场万能"的神话归于破灭。当然，教育治理不是要否定政府和市场的作用，而是要通过强调"社会"的作用弥补政府与市场的不足，教育治理的直接价值在于优化政府、市场、社会三者的关系，通过促进学校、社会组织、利益相关者等的"社会多元参与"，发挥政府和市场所不能发挥的重要作用。

我国推进教育治理尤为迫切。当前，我国教育管理中的主要矛盾是政府与学校的关系问题以及社会参与不足的问题。长期以来，受计划体制的影响，我国教育管理中政府对学校干预过多，利益相关者参与政府管理与学校管理严重不够。政府管了一些"不该管"的事，管了一些"管不好"的事，造成政府负担过重、效率低下等问题；同时，压抑了学校办学的积极性主动性创造性，滋长了学校对于政府的依赖性。当前，教育中的官僚主义、形式主义依然猖獗，形式主义的源头是官僚主义，政府管理中多动症、乱动症依然严重，学校不堪重负，教师怨声载道。解决上述问题，治理变革势在必行。

如何推进教育治理？教育治理的本质是管理民主化，是多元主体的参与。不是为参与而参与，是为了解决多元利益的表达与整合问题，尤其是为了解决弱势群体的利益表达问题。治理体现的是一种"新民主"，是直接参与的基层民主，是协商式民主，是实质性民主。治理中的民主不同于国家或区域政治层面的传统民主，传统民主更多的是选举民主、形式民主（各种程序性的运作）、代议制民主。传统民主强调"为人民服务"，治理中的民主强调通过直接参与表达个人利益诉求，强调政策议程自下而上的优先性，强调基层微观决策中的"人民自己为自己服务"，所以治理是一种直接民主、实质民主、自治民主（如我国的村民自治）。教育治理对于弱势群体至关重要，可以使各主体特别是弱势群体充分表达其利益诉求，遏制因公共权力的异化弱化、权力与资本的结盟对弱势群体受教育权益的侵害，有力有效地促进教育公平。

推进教育治理，主要举措是分权。分权是管理民主化的具体体现，要点有三：一是中央给地方分权，给予地方政府更多的自主权，解决我国区域间差异很大的问题；二是政府向学校、向社会组织、向市场分权，重点是向学校分权，让学校成为自主办学的权力主体，摆脱对政府的依附性，凸显学校的主体性，增进学校办学的专业性，更好地满足学生的教育需求，促进学生的发展；三是学校向师生分权，推进学校层面的多元民主参与，健全教师、学生、家长参与学校治理的制度。总之，在公共决策和利益分配中，中央要多听听地方的声音，政府要多听听学校、专家、师生的声音，学校要多听听师生和家长的声音，甚至班主任在班级管理中也应该多听听贫困生及其家长的声音，各方主体都应多想想弱势群体的处境。政府让弱势群体发声（voice）、充分表达利益诉求并优先为其提供公共服务，是治理到位与否的试金石。

（原文发表于《教育发展研究》2020 年第 7 期）

教育治理研究亟待深化

近十年来，教育治理研究成为我国教育研究的热点，研究成果大量涌现，但是同水平重复较多。教育治理研究亟待深化。如何深化？可以重点关注以下三个方面。

第一，深化教育治理研究，需要抓住治理概念的本质内涵，聚焦研究"多元共治"。概念是构成理论大厦的砖石，教育治理研究的深化，首先需要保持治理概念的"纯化"或"纯净"。某些论文对于治理概念的使用比较随意，偏离了治理之"多元共治"的本质，导致教育治理研究走向歧途。治理一词在当下是个热词、好词，人们往往将之作为好看的标签到处乱贴，把一切管理活动，不论是民主的还是专断的，宽松的还是严苛的，都贴上治理的标签，此为治理概念"泛化"的表现。泛化之外还有"窄化"，把治理的局部特征、非主要特征当成治理的全部或主要特征，如把教育治理等同于教育的法治化、制度化，或教育管理的信息化。更有甚者，将治理等同于威权管理，直接走向了治理本质的反面，"毒化"了治理概念。

国内外学术界对于治理的本质内涵有明确的认知。中文的治理一词和治理的英文词"governance"都早已有之，其含义大致相同，都是指政府的统治与管理。20世纪90年代以来，治理一词被赋予新含义，针对政府失灵和市场失灵，强调社会参与，要求政府、市场、社会共同管理公共事务。治理的本质内涵是"多元共治"，教育治理是指多元主体共同管理教育公共事务。偏离了治理的本质内涵去研究教育治理，就会南辕北辙。无概念的"纯化"，就根本谈不上研究的"深化"。

第二，深化教育治理研究，需要体现教育的行业特点，把教育治理的多层次性描述清楚，并把学生发展作为教育治理的出发点与落脚点。过往的教育治理研究，往往把一般性的治理理论直接、简单移植到教育中来，并将教育治理视为多元共治、学校自治、政府元治（元治理）、厉行法治的有机统一。这种简单移植最大的问题在于，对于教育治理的分析只停留在国家与区域层面，没深入微观的学校层面，以及更为微观也更为重要的班级（课堂）层面。就讨论的数量而言，对于区域层面的教育治理讨论最多，学校层面的次之，班级层面的最少。

研究教育治理，只讲到学校自治是不够的，因为学校自治或学校自主权，是相对于政府他治而言的，是从政府分权的视角或者政府与学校关系的视角去讲的，并没有真正涉及学校层面的多元共治问题，更没有直接涉及学生，没有涉及班级层面的多元共治问题。如果没有学校层面的多元共治，学校自治有可能演变为校长专制；如果没有班级层面的多元共治，班级管理可能会变成班主任专断。真正的教育教学活动是发生在学校里的班级或课堂里的，学生是在班级（课堂）中获得成长的。并不是说国家与区域层面的教育治理不重要，而是说教育领域的特殊性，要求教育治理要深入学校层面与班级层面。教育治理要充分体现教育的特点，要坚持以学生为中心的治理思路，学生发展是教育治理的逻辑起点。

第三，深化教育治理研究，需要"以问题为中心"，把"行政化"和"商业化"作为要解决的核心问题，捍卫教育的公益性。教育治理之所以必要，是因为教育领域存在"政府失灵"和"市场失灵"。在宏观层面或政府治理层面（国家和区域层面）讲政府失灵在逻辑上是成立的，因为在此层面，政府是治理主体之一，但在学校层面、班级层面，政府并不是直接参与的治理主体，此时的问题不是政府失灵，而是学校和班主任的管理失灵，即过度管理，可把此种失灵概括为"行政化"。行政化这个概念也可以把宏观层面的政府失灵涵盖在内。同时，可把市场失灵称为过于追求利润的"商业化"。行政化和商业化是宏观治理、学校治理、班级治理等几个层面上共同存在的问题。例如，商业化已经渗透进校园甚至课堂，而行政化已经在某些中小学的学生干部中有充分体现。

　　行政化体现的是官本位、权力本位、有权就任性，带来的是权利受压抑、学校和师生自主权缺失，最后导致学校和师生无活力、无动力；商业化体现的是资本扩张、追逐利润、赚学生和家长的钱，带来的是课外补习盛行、校内有铜臭气，最后导致家庭经济利益受损、学生片面发展严重。总之，行政化和商业化是"权"和"钱"在教育领域的异化，会戕害教育的健康发展和理性发展，会损害学生的长远利益与根本利益。多元共治之所以必要，就是要以多元主体的力量去对冲权力和资本对于教育、对于学生的负面影响，维护和捍卫教育的公益性，让教育更好地为社会发展、学生发展服务，而不是为权力、为资本服务。

（原文发表于《中国教育学刊》2022 年第 8 期）

让每一所学校充满生机与活力

近期，教育部等八部门联合发文，出台《关于进一步激发中小学办学活力的若干意见》（以下简称《意见》），打出激发学校办学活力的组合拳，中小学校长与教师对此高度关注。这是一个好文件，但从写在纸上到落到地上，还需要做很多工作。

何为学校办学活力？就是学校办学的主体性，即积极性主动性创造性，其核心与关键是学校的办学自主权。从现实来看，对学校干扰太多、管得太多、激励不够、保障不够成为影响学校办学活力的关键因素，这些问题多年没有得到有效解决，甚至沉积为教育管理中的顽瘴痼疾。

为增强学校办学活力，《意见》提出了许多措施，这些措施的重要性、必要性与可行性存在诸多差异，本文认为在具体实践中要重点关注以下几方面。

第一，在干扰太多、管得太多、激励不够、保障不够四个问题中，关键是解决干扰太多问题，让学校有时间务正业、有时间休养生息。干扰太多是中小学反映最为强烈的问题，也是增强学校办学活力要解决的首要问题。干扰太多具体体现为各种各样的检查太多，进校园的各种专题活动太多，大大增加了学校和教师的负担，使得学校穷于应付，干部和教师没有时间聚焦主业，没有时间充分休息，身心疲惫。自主权的一个基本含义是不受干扰，学校要"有自主的时间"去做自己想做的事情。如果连时间都没有，那么即便政府给了充分的事权、人权、财权，学校也没有时间去充分、有效地行使这些宝贵的权力。因此，需要大力精简、严格规范各类检查验收以及"进校园"专题教育活动，有效排除对学校正常教育教学秩序的干扰。

现在中小学存在大量的形式主义问题，基层学校和教师谁也不想搞劳民伤财的形式主义，形式主义的根源是官僚主义，形式主义来自上面和外面的各种干扰，尤其是来自各种政府部门（不只是教育行政部门）的干扰。对于这些部门，学校一个都不敢得罪。解决干扰太多的问题，涉及很多部门，难度最大，也最为关键。《意见》由八个部门联合下发，来头很大，我们希望将来这个文件的实施效果也很大，能有效解决对学校干扰太多这个几十年都没有解决的老大难问题。

第二，在解决政府管得过多问题、保障学校"教育教学、人事工作、经费使用"三类自主权方面，关键是解决人事工作自主权问题。这三类权利就是通常所说的事权、人权和财权。教育教学涉及事权，包括建设校本课程、安排教学计划、运用教学方式、组织研训活动、实施教学评价等，这些方面的自主权在现实中落实得较好。经费使用自主权涉及财权，目前在学校中也落实得较好。

难点在人事权，各地在此方面进展差距较大。对于副校长和中层管理人员的聘任，有些学校具有完全自主权，有些学校只有权力聘任中层管理人员，有些学校则完全没有任何自主权。地方教育行政部门对此不宜干预过多，建议未来完全放开，学校将选聘结果报上级主管部门备案即可。在教师招聘中，地方人力资源与社会保障部门大权在握，学校甚至教育行政部门的权力都很有限，最后往往是好用的进不来、进来的不好用甚至不会教书。解决这一问题需要充分尊重和发挥学校在教师公开招聘工作中的重要作用，把学校和教育行政部门的面试（试讲）前置，把人社部门的笔试后置，并让学校全程参与面试、考察和拟聘人员确定，以确保招聘质量。

另外，在人事权方面，某些人事权完全给学校未必有好的效果，学校也未必想要。《意见》规定，"奖励性绩效工资由学校在考核的基础上自主分配，充分发挥绩效工资的激励功能"。实际上，目前在很多学校绩效工资并没有发挥激励作用，已经成为一个"鸡肋"。主要原因在于，绩效工资要产生激励作用，就必须拉大差距，但是校长们为了维护学校稳定而不敢拉大差距。本文建议政府要勇于担当，出面做出拉大收入差距的规定，减轻校长压力，使绩效工资真正发挥激励作用。要不断完善学校绩效工资分配办法，并向教育教学实绩突出的一线教师和班主任倾斜，切实解决干多干少、干好干坏绩效工资差距不大的问题。

第三，在解决激励不够问题、增强学校办学内生动力方面，要慎用或少用外部评价，要强化校内激励作用，并积极推进学校民主管理，包括学校层面、班级层面乃至课堂教学层面的民主管理。《意见》要求"强化评价导向作用"，并要求强化过程性评价和发展性评价，更加注重评价学校提高办学质量的实际成效。问题是，很多学校包括小学还有区域性的统测，这些统测也是打着过程性评价、发展性评价、提高教学质量的旗号，甚至在各个年级都要统测并进行区域大排名，这些统测与中高考成绩或升学率没有多少关系，但是给学校、校长和教师造成很大压力，扭曲了学校的办学行为。本文的建议是，对于所有的外部评价，最好不要"强化"，而是淡化、弱化甚至取消。评价手段有很大的副作用，会导致急功近利，不可过度使用。最好的激励永远都不是外在的评价，要通过民主平等的氛围包括管理民主、课堂民主激发出内在的动机与追求，这才是真正的内生动力。

（原文发表于《中小学管理》2020 年第 11 期）

我们需要什么样的学校办学活力

2020年9月，教育部等八部门发布《关于进一步激发中小学办学活力的若干意见》。此后，"办学活力"一词在教育界成为热词。何谓活力？谁的活力最为重要？我们需要什么样的活力？如何增进活力？这四个问题不可回避。

其一，何谓活力？"活力"不是一个严谨的"概念"，是口语表达。通俗而言，活力就是生命力，包括活着的动力与活着的能力，二者缺一不可。有人有能力无动力，不想做事，最后无所事事，谈不上有活力；有人想做事，但如果重病缠身、奄奄一息，也谈不上有活力。

近期出现了一些文章，力图从理论上对活力一词进行学术界定。我认为没有必要，因为理论界其实早已有更好的概念反映这个词要表达的意思，这个概念就是"主体性"。对于主体性一词，教育领域并不陌生，很多校长和教师对于"双主体"的提法早就耳熟能详。主体性即积极性、主动性、创造性，积极性主动性是主体性的基本体现，创造性是主体性的高级呈现与集中体现。"双主体"就是指要调动教师和学生双方的积极性主动性创造性。

其二，谁的活力最为重要？学校是个抽象的概念，学校办学活力亦然。之所以要激发学校办学活力，主要是要解决政府对学校干扰过多、管得过多的问题。但是，只提"学校办学活力"是不够的，学校的办学活力最后要落到、要体现为学校中的每个人的活力，包括校长的活力、其他学校管理人员的活力、教师的活力、学生的活力，甚至家长的活力。出于种种原因，教育在"戴着镣铐跳舞"，不论是学生、家长，还是校长、教师，很多人都感到深受束缚，都感到不自由、不自主，都感到不快乐、不幸福。我国学校的校园活力状况亟待改善，各类群体的活力都亟待增强。需要进一步追问的是：校园内外各类群体中，谁的活力最为重要？谁让谁减弱了甚至失去了活力？

学校以育人为本，在学校中，学生的活力最为重要。如果学生在教育过程中没有活力，教育也没有增进学生的活力，那么纵然校长、教师、家长再有活力，他们的活力也失去了存在的合理性。激发学校办学活力的最终目标是增进学生的活力，即增进学生的主体性亦即积极性主动性创造性，尤其是增进学生的创造性。然而现状却是，学生的学习、成长、发展，往往都是处于被动状态，学生课业负担很重，没有自主的时间去发展自己的兴趣，甚至连基本的睡眠时间都难以保证。所以我们只是在学校层面、在校长层面谈论办学活力与自主权是不够的，重心需要下沉，下沉到学生、到课堂、到具体的教学活动。只有当学生充满活力、课堂充满生机时，学校办学才真正谈得上具有活力。

学生为什么活力不足？可能是政府对学校管得多管得严，导致学校和校长对老师管得多管得严，进而老师对学生也管得多管得严，再加上家长的普遍性焦虑和社会补习机构的推波助澜，学生处于多座大山重压之下，自由自主的空间越来越小，活力必然不足。因此，活力是个关系问题，必须放在关系链条中去讨论活力的此消彼长。校园内部的管理者、教师、学生的活力，需要整体性的释放与解放。

其三，我们需要什么样的活力？先看一个极端的例子，希特勒一生斗志昂扬，著有《我的奋斗》，其闪电战与集中营也具有"创造性"，其一生可谓充满活力。但是我们所追求的肯定不是此等活力。我们常常能看到一些现象：教师们为迎检加班做假材料，学生们挑灯夜战做习题，校长们挖空心思搞"特色"，等等。表面上看，各类人等像打了鸡血一样都很有活力，但这是虚假繁荣，是假活力，属于虚火旺盛。我们不需要这样的活力。

我们需要具有人道精神的活力，不需要盲目加班加点危及师生身心健康的不可持续的活力，不需要"增加一分，干掉千人"口号激励下杀气腾腾的活力；我们需要具有理性精神的活力，不需要劳民伤财瞎折腾的形式主义的活力，不需要"心中一团火，脑子一团麻，结果一团糟"之类的活力，不需要多动症、盲动症之类的活力；我们需要内生性即具有内在驱动力的活力，不需要基于外部威胁和利诱的活力；我们需要持续性的活力，而不是竭泽而渔杀鸡取蛋的一时活力。总之，我们需要具有人道精神、理性精神、内生性与可持续性的活力，这样的活力可能表面上并不光鲜亮丽、并不轰轰烈烈，但却是真正的活力，是有内涵有深度的活力。

其四，如何增进这样的活力？解决这个问题，关键是对多边活力关系格局的调整与优化，使各方活力平衡分布并相得益彰。要在关系格局中观察与思考如下问题：谁的活力如日中天？谁的活力奄奄一息？谁的活力横行霸道？谁的活力委曲求全？在政校关系中，我们往往看到了局长的活力，却看不到校长的活力。在某些校园里，我们往往看到了校长的活力，却看不到普通老师的活力。在某些课堂中，我们往往看到了教师的活力，却看不到学生的活力。因此，我们需要约束行政权力，给学校分权，以激发学校和校长的活力；需要在政府对学校简政放权后在学校内部进行"二次分权"，推进学校管理民主，把权力进一步下放给教师、学生、家长等，以激发他们的活力；尤其需要在课堂和班级层面，给学生、给家长分权，推进课堂教学民主，推进班级民主管理和自主管理，以激发学生活力和课堂活力。总之，增进活力的关键是在多边关系中，限制强势一方的权力以避免活力过度膨胀，保护弱势一方的权益以增进活力，其实质是以多元治理的民主促进多方共享且均衡的活力。

（原文发表于《中小学管理》2021 年第 1 期）

关于教育治理的几个关键问题

目前，在教育领域，教育治理已经成为政策话语和学术话语中的热点，但并没有成为实践领域的热点，教育行政人员和学校管理人员的"热议"话题有很多，诸如高考中考改革、严格控制择校、教育均衡发展、随迁子女教育、去行政化、学校管理评价、学校安全问题等等，但显然"教育治理"并没有被实际工作者所重点关注，并没有被深度嵌入教育管理实践中。认识决定行为，观念制约行动，对于教育治理的认识深度直接决定教育治理的实践深度。此外，教育理论界对于教育治理的研究也很不够，仅仅处于起步阶段，不能够有效支撑和有力支持教育治理的实践推进。

为推进教育治理的实践进展和理论研究，增进对于教育治理本质特征与推进策略的认识，需要关注教育治理的几个关键问题。

一是不能把教育治理与教育管理对立起来。在理论上和逻辑上，治理与管理不是对立关系，教育治理是一种多元参与的教育管理形态。教育治理已经是一种现实存在，我国推进教育治理是对于过去一直进行的教育管理改革的延续和深化。

有人把治理与管理直接对立起来，认为治理的提出是对管理的否定，是历史的进步，治理意味着好的善的进步的，管理意味着坏的恶的落后的。有人甚至主张用治理一词来取代管理一词。如此推论，此前教育管理人员所从事的教育管理活动都是有问题的，都是需要被否定的，都是需要用治理予以取代的。这种非此即彼的二元思维难以被实际工作者所接受，因为接受就意味着否定自我、否定原来所做的工作。这可能也是众多实际工作者对于教育治理感到疑惑纠结、不敢明言之、没有笃行之的重要原因。

因此，需要扫清笼罩在治理之上的认识迷雾。

从教育治理的定义看，治理与管理并不对立。教育治理是指国家机关、社会组织、利益群体和公民个体，通过一定的制度安排进行合作互动，共同管理教育公共事务的过程。因此，教育治理只是教育管理的一种形态。教育管理的外延远远大于教育治理的外延。严格讲，教育治理强调多元共治，强调教育管理的社会参与和民主参与，是教育管理的一种高级形态。把教育治理与教育管理对立起来，在理论上是错误的，在实践中是有害的。

从治理和教育治理的产生背景看，治理的理念不是作为管理的对立面提出的，而是针对单一主体的政府管理以及市场化取向的教育管理二者的弊端与无能而提出的，亦即在政府失灵和市场失灵的基础上提出的，是对于"双重失灵"的救治。治理是一种新的管理机制与模式。单一主体的政府管理，使得教育行政权力高度集中于政府，学校缺乏必要的办学自主权，抑制了学校的办学活力。而政府失灵基础上的教育管理的市场化改革，过于相信市场的力量，导致教育成为一些机构与人员追逐利润的利益场域，教育中的公共利益、教育的公共性受到损害，特别是教育的公平性、弱势群体的教育利益受到损害。既然政府和市场都存在弊端，强调社会参与的治理机制便走上历史舞台。不论是单一主体的政府管理、市场化走向的教育管理，还是强调多元参与的教育治理，都是教育管理的表现形态。教育治理不是与教育管理对立的，作为教育管理的一种形态，它只是与其他形态的教育管理即政府单一主体的教育管理以及市场化导向的教育管理存在对立关系。

从教育管理和教育治理的实践看，教育治理是一种现实存在，不是没有任何现实根基的乌托邦。从 1985 年开始的教育管理体制改革就要求政府简政放权，让学校拥有更多的办学自主权，其后的教育管理改革一直强调这一点，并要求建设现代学校制度，大力推进社会组织、教师、学生、家长等对于教育管理的参与。这些都体现了教育治理的实质性要求，所以，不能割裂教育治理与我国已经开展的教育管理改革的历史关联性与延续性，否则就会陷入历史虚无主义误区，会严重挫伤教育实际工作者的改革自信心与改革认同感。也正因为存在这种连续性，教育治理的推进才有了良好的实践基础，教育治理才不是空穴来风的突发奇想。

因此，在理论上、实践上、政策上都不能把治理与管理对立起来。明确教育治理的定义、起源与现实基础，有利于我们认清教育治理的实践走向。

当然，在理论和实践上也要防止另一种误区，就是把治理泛化等同于管理，把教育管理中正在做的事情，不管与教育治理的实质有关还是无关，都冠以治理之名，如把强化学籍管理、减轻学业负担、加强考试纪律、控制三公经费等等都视为治理的范畴。这是简单的"贴标签"行为，无助于治理改革的推进。

二是教育治理的显性特征是多元参与，而其实质特征是教育管理的民主化，教育治理所呈现的是教育领域中民主管理的新形态。

教育治理不是单一主体的政府管理，更不是单一主体的政府统治与管制，而是强调多主体参与的合作管理、共同管理。教育治理的优越性就在于多元主体的民主参与。

教育管理民主化不是新生事物，在教育史上早就存在。民主管理有两种形态：传统民主和新型民主。传统民主更多的是归属于宏观层面的选举民主、代议制民主。代议制民主通过政治选举，强调代议者要"为人民服务"。而治理中的协商式直接民主则更多的是强调政策议程自下而上的优先性、强调基层微观决策中的"人民自己为自己服务"。例如，在学校管理中教师和学生的民主参与，有利于更直接有效地维护师生的各种实体性权利。民主更多地向微观层面、向具体的政策领域渗透与扩散，这种民主通过各种形式的、高频度的、有序的公民参与实现。这种民主较多地属于参与式民主、实质民主、直接民主的范畴。

这种民主是与科学精神在逻辑上同构的民主，体现了民主管理与科学管理内在的一致性。这种参与式的基层民主，以制度化的方式征询民意和集中民智，有利于充分了解公众的需求、协调和综合各种利益、进行合理决策以更好地解决问题，有利于形成合理的基层合作治理的格局、培育基层协商民主中的公共理性等，有利于共同解决教育管理中回应性不足、民主性缺失、公共性偏离等一揽子问题①。

教育治理所具有新型民主的优越性，是教育治理兴起与发展的逻辑前提。

需要引起注意的是，教育治理的本质是新型民主，它不同于过去的民主形式，但不意味着原有的民主形式就不再重要。在当前我国的教育管理中，只强调新型的直接参与式民主是不够的，教育管理中的"传统民主"依然需要发挥作用并需要不断改进。就教育行政而言，完善政府内部特别是教育行政系统内部的决策机制与民主程序，切实做到重大问题集体决策、依法按程序决策，防止"一把手"独断专行，依然是一个非常迫切的艰巨任务。这意味着新型民主与传统民主同样重要。政府中的个别领导专断依然是需要解决的重要问题。尽管新型民主对于个人专断可以起到一定的遏制作用，但远远不够。教育管理中的民主建设必须双管齐下，新型民主与传统民主需要同时推进。

在教育治理之多元参与中，要特别关注弱势群体的参与，要让

---

① 褚宏启. 教育治理：以共治求善治 [J]. 教育研究，2014（10）：4-11.

弱势群体在多元参与的框架中具有充分的代表性，不要让多元参与变成"权贵俱乐部"而把穷人拒斥在外。要建立低成本的利益表达机制与决策机制，让弱势群体的知情权、表达权、决策权、监督权得到充分保障，从而保障优质公平的教育公共服务真正惠及穷人。我们需要建立的是有利于穷人的教育治理体系，这样才能真正体现教育治理之新型民主的优越性。

多元参与中，还要特别重视智库与专家的参与。专业化的智力支持可以有效增进治理的理性化与科学化。当然，多元主体的参与本身有助于促进决策的理性化与科学化，但是，智库与专家代表的是专业力量，能相对超越多种利益相关者的利益纠葛，会做出更为客观的专业性判断。

三是教育治理并不是包治百病的灵丹妙药，与政府失灵和市场失灵类似，教育治理存在失败的可能。治理虽然具有内在优势，但并不必然带来善治。通过治理这种手段而达到善治，是有条件的。

当前我国教育管理中存在诸多问题，教育管理的科学化、民主化、法治化水平都亟待提高。教育治理是一剂良药，但对其作用不要抱有过于理想化的期待。有人认为，多元主体一参与管理，各种长期存在的老大难问题就会得到有效解决了。这种想法未免过于简单。教育实际工作者不会有如此幼稚的想法。这可能也是目前实际工作者对于"教育治理"不太热心的原因之一。

治理的直接目标是善治。教育善治的特征或者要素有以下几点。（1）参与度。参与教育治理的主体范围越宽，各类利益相关者的代表性和话语权越充分，多元利益就越能得到充分表达，治理就越能体现民意民情，治理的民主性就越高，善治的程度也就越高。（2）回应性。教育治理需要对公众的教育需求做出及时、负责的反应，应该积极主动了解民情民意，不得敷衍塞责。（3）透明度。信息透明度越高，政务公开和校务公开越充分，多元治理主体就能越有效地参与治理并监督治理过程。信息透明度高，还有助于防治教育腐败，提高治理的廉洁程度。（4）自由度。善治要求多元主体尤其是弱势主体能畅所欲言，学生的学习自由权、教师的教学自由权、学校的办学自主权等能得到更好的保障。（5）秩序。教育秩序包括教育教学秩序、教育从业者工作秩序、教育管理秩序等等。但善治所追求的不是专制秩序，而是民主参与所带来的充满活力的新秩序。（6）效率。善治必定是有效率的治理。教育治理的效率是指教育治理活动中投入与产出的关系。教育治理本身由于多元主体的参与，需要更多的沟通、协商，决策过程也更为漫长，容易导致"管理"本身的低效和无序。但民主是一种理性化、制度化的纠错机制，它有助于形成共识、达成科学决策，从而有利于决策的执行，并最后带来教育的"长期效率"，即反映个体发展与社会发展需求、反映公平诉求的效率。（7）法治。任何治理活动、任何治理主体都必须依法行事。法治与人治相对立，它规范公民的行为，但更制约政府的行为。法治是善治的基本要求。治理的复杂性要求必须依法治理，否则必致混乱。（8）问责。问责意味着治理主体必须对自己的行为负责。当治理主体不适当履行或者没有履行职责和义务时，就要被追究责任，要受到惩戒。问责是一种倒逼机制，有利于规范多元主体在教育治理中的行为。（9）公平。合理公正地调整教育利益和配置教育资源，是善治的主要特征和重要任务。（10）效能。效能是指善治目标的达成度，达成度越高，效能就越高。教育治理只是一种手段，其直接目标是实现教育善治（好治理），而教育善治的最后目标是教育中公共利益的最大化，是通过善治提供优质公平的教育公共服务（好教育），使公民的受教育权得到良好实现与保障，更好地促进人的发展与社会发展[①]。教育治理有助于提高治理的参与度、回应性、透明度、自由度、公平度，有助于形成充满活力的治理秩序，有利于提高治理的长期效率，有

① 褚宏启，贾继娥. 教育治理与教育善治 [J]. 中国教育学刊，2014（12）：6-10.

利于遏制人治推进法治，有利于直接推进问责制，有利于充分协商，形成共识，促进教育决策和管理的科学化与理性化，从而更好地保障优质教育服务的提供。从这个意义上讲，治理本身就包含了善治的若干特征，或者说治理有助于实现善治。

但是，治理只是善治的必要条件，而不是充分条件。教育治理因为多主体的共同参与而带来的多中心、分散性、不确定性等，可能会导致低效和失序，甚至会带来治理的失败。"乱哄哄你方唱罢我登场"之类的共治，一盘散沙的共治，群龙无首的共治，只会带来治理危机和治理失败。因此，只有共治是不够的，参与共治的诸多主体中，必须有一个主体承担起主导作用，引领治理走向善治。这个主体就是政府。

四是在教育治理变革中，政府改革至关重要，善政是通向善治的关键。教育治理不意味着弱化政府作用，反而要求政府发挥不同于过去的"新的主导作用"，扮演好"元治理"的角色。

教育治理中的多元参与、共同管理，必然会带来"谁来负责"的问题。现在有一些学界的讨论认为治理是非政府行为，是以非营利机构和社会力量为主的。这是对治理的误解。在任何社会中，政府有不可替代的社会功能，政府是发动、引导、激励和监管各种社会组织合作的重要力量。[①] 在教育治理的多元主体中，政府发挥的是主导作用和"元治理"作用，具体表现在：（1）协调和整合多元主体的利益分歧，维护公共利益，保证教育领域公共利益的最大化；（2）确定教育发展的方向、目标、标准，解决多元主体的目标分化问题，产出公共政策和制度，为多方主体参与管理提供共同的行动目标和行为准则；（3）进行宏观规划、统筹和调控，解决教育改革分散化的问题以及治理活动的碎片化和不可持续等问题。

---

① 蓝志勇，魏明. 现代国家治理体系：顶层设计、实践经验与复杂性 [J]. 公共管理学报，2014（1）：1-9, 137.

要履行好上述职责，政府必须转变教育行政职能，同时要加强自身能力建设，通过建设一个充满现代精神的"服务政府、法治政府、责任政府"来完成其"元治理"的重要使命。教育治理是共治，其直接目标是善治，但共治不等于善治，善政是通向善治的关键。①

五是教育治理的关键是加强学校自治，提高学校活力，保障学校的办学自主权，解决长期以来都没能得到有效解决的老大难问题，走出"一管就死，一放就乱"的怪圈。

长期以来，受计划体制影响，学校依附于政府，缺乏办学自主权，办学活力不足。在管理内容上，政府在管理学校时，管了一些"不该管"的事，管了一些"管不好"的事，还有一些该管而"没管好"的事。尽管经过多次改革，政府职能依然未能实现根本性转变，仍有不少难点和重点需要突破。在管理方式上，政府对学校的管理过于直接和微观。这样做的结果就是，压抑了学校的办学活力，滋长了学校对政府的过度依赖。当前，简政放权的重点是政府向学校放权，让学校能够自主发展。

《国家中长期教育改革和发展规划纲要（2010—2020 年）》明确提出：落实和扩大学校办学自主权。政府及其部门要树立服务意识，改进管理方式，完善监管机制，减少和规范对学校的行政审批事项，依法保障学校充分行使办学自主权。给学校办学自主权，就是让学校摆脱对政府的依附性，逐步形成"自主管理、自主发展、自我约束、社会监督"的机制，凸显学校的主体性，增进学校办学的专业性，更好地满足学生的教育需求，促进学生的发展。

落实和扩大学校办学自主权，涉及政府与学校关系的调整。由于在政校关系的调整中，政府处于优势地位，没有政府的改革，政

---

① 褚宏启，贾继娥．教育治理中的多元主体及其作用互补［J］．教育发展研究，2014（19）：1-7.

校关系难以得到实质性的调整，所以学校办学自主权能否得到落实与扩大，关键在政府改革，在政府职能转变，亦即善政是关键。

总之，教育治理的基本特征是多元共治，政府和学校都是参与教育共治的主体之一，但是教育治理不仅强调共治，还强调学校的自治和政府的"元治"（即元治理）。在通过共治走向善治的进程中，善政至关重要，实现善治，政府改革是关键，是突破口。因此，在教育治理中，扩大民主参与和深化政府改革，是两项需要同步推进的重要工作。

（原文发表于《人民教育》2014 年第 22 期）

基础教育治理的三个层面及其推进策略

党的十八大以来，教育治理逐渐成为基础教育领域的热点话题。教育治理指政府、市场主体、学校、社会组织、公民个体等主体共同管理教育公共事务的活动，"多元共治"是其基本与根本特征。教育治理之所以必要，原因在于以多元参与去解决政府主体的过度行政化（或者说政府失灵）和市场主体的过度商业化（或者说市场失灵）问题，去对冲权力的僵化和资本的逐利对于教育的负面影响。对于基础教育治理的主要内容，学界已经形成了"四治"内容框架，即把教育治理视为多元共治、学校自治、政府元治（元治理）、厉行法治的有机统一。这个分析框架是一个宏观的分析框架，适用于对国家层面或区域层面教育治理的分析，但是不能有效回应教育治理的"多层次性"，没有真正深入到微观的学校层面，以及更为微观也更为重要的班级层面。同时，其对于教育领域最重要的主体"学生"的关注也严重不够，没有体现出教育治理的"育人"特性。

本文对于基础教育治理的分析，将从政府、学校、班级三个层面展开，在每个层面上都涉及共治、自治、元治、法治（制度建设）问题，力图分层次、立体化呈现基础教育治理的全貌，并提出相应的推进策略。

推进政府层面的教育治理

基础教育的管理权在地方，因此，政府层面的基础教育治理，主要关注区域治理尤其是县域的教育治理。要解决的突出问题是：政府对区域教育事务管得过多，学校缺少办学活力，学校、教师、学生、家长、社会组织、社区等主体对于区域层面的教育决策参与不够。解决上述问题，推进区域基础教育治理，主要策略有如下几个方面。

政府以分权进行共治，让学校拥有更多"办学自主权"

在区域层面，基础教育治理的关键问题与主要矛盾是作为办学主体的学校缺乏自主权。因此，给学校放权，就成为推进区域教育治理的首要与关键策略。政府向学校分权，就是给学校下放必要的事权、财权、人权（人事权）等，使学校成为自主办学的主体，拥有办学自主权。2020年教育部等八部门发布的《关于进一步激发中小学办学活力的若干意见》中提出，深化教育"放管服"改革，落实中小学办学主体地位，主要解决政府对学校管得太多、干扰太多、激励不够、保障不够等突出问题。

这主要是要保障学校的三类办学自主权。其一，保证教育教学自主权。如学校在遵循学科教学基本要求的基础上，可自主安排教学计划、自主运用教学方式等。其二，扩大人事工作自主权。如进一步扩大学校在副校长、中层管理人员聘任中的参与权和选择权，初中级职称和岗位的学校自主评聘，奖励性绩效工资的自主分配等。其三，落实经费使用自主权。如加强学校经费使用自主权，优先保障教育教学需要，确保学校有效使用、正常运转，依法依规自主使用社会捐资助学的经费等。政府把这些权力下放给学校后，就由政府"独治"转变为政府与学校的"共治"，同时也实现了学校的"自治"。这三类自主权就属于学校的"自治"范畴。但是要完全落实，尚待时日。扩大与落实学校的办学自主权，需要限制政府行政权力。一个操作性的策略是制定政府权力清单，以预防教育行政权力越界。

多元主体参与政府教育决策，提高决策的民主化科学化水平

这里的多元主体包括学校、企业（市场主体）、社会组织、个人等，在不同的决策事项中，参与主体的构成会有所不同。例如：除政府、学校、专业组织等外，在有关教师评价与激励的区域政策制定中，教师代表要参与其中；在有关义务教育阶段学生划片招生的政策制定中，家长代表要参与其中。总之，参与主体要具有广泛的代表性。在诸多参与主体中，要特别重视教育之外的主体的参与，如市场主体（企业）、社会组织、社区、公民个体等的参与。俗话说，旁观者清，当局者迷。不少地方关起门来办教育，无视社会对于人的素质的新要求，教育观念、教育方法严重滞后于社会需求与时代发展。

政府要担当元治理角色，发挥"新主导作用"

多元共治有利于释放办学活力、提高决策科学化水平，但是多元共治并不必然带来好结果，有时候反而会带来议而不决、效率低下、推诿扯皮等问题。从共治走向善治的一个必要条件就是"元治理"，元治理是"对治理的治理"，多元主体中必须有一个主体站出来充当多元治理的发起人、推动者、引领者，并对治理的结果负责，这个主体只能是政府。

政府的元治理作用主要包括以下四方面。其一，制定程序性规则，规定参与的主体资格、决策程序、决策方式等，使多元共治能够操作运行起来。程序性规则应保证多元主体都有平等表达诉求的机会，尤其要保证利益相关者的参与，重点要保证弱势群体的充分参与。其二，对多元主体的多种利益进行整合，维护共同利益。其三，加强统筹规划与宏观调控，解决区域内教育改革碎片化、分散化的问题。其四，对教育治理的结果负总责，对相关主体的不尽责行为进行问责。在区域基础教育治理中，只有政府能做这些工作，其他主体均没有能力承担。"元治理"要求政府发挥主导作用，这种主导作用不同于过去无所不包、无所不管的"旧主导作用"，而是建立在多元共治、学校自治基础上的"新主导作用"。

做好学校层面的教育治理

"学校自治"是相对于政府对学校的"他治"而言的，涉及的是政府与学校的关系问题，并没有涉及学校层面尤其是学校治理的本质问题，即学校层面的多元共治问题。因此，只讲学校自治是不够的，学校自治或者学校拥有办学自主权，只是在处理政校关系时的一把"伞"，用来遮挡来自政府的过多干预，但是学校自主办学依然需要民主管理、需要多元共治。

学校层面的教育治理要解决的突出问题是：不少学校在管理中行政化倾向严重，学校对师生管得过多，师生、家长、社区等主体参与不足，少数学校的校长独断专行、作风霸道。要解决这些问题，有以下几个要点。

学校层面进行"二次分权"，让教师拥有"专业自主权"

政府给学校放权属于"一次分权"，学校把政府下放给学校的权力进一步下放，属于"二次分权"。二次分权，可以有效解决学校尤其是学校主要负责人大权独揽进行"独治"的问题。二次分权主要是面向学校的二级机构和社团组织，如年级组、学科组、教研组等，以及教职工代表大会、学生代表大会、学术委员会、家长委员会、学生会等。例如：把教师招聘权下放给年级组或学科组，把职称初评权下放给学术委员会，把校服购买权下放给家长委员会等。

二次分权有利于减少学校行政权力对于教育教学等专业事务的过多干涉和不当干预，有利于扩大年级组、学科组、教师的学术权力，有利于增进办学的专业性，有利于提高教育教学质量；有利于使教代会、学代会、学生会、家委会等真正成为代表和维护师生利益的民主参与平台，提升学校管理的民主化水平。如北京十一学校实行分权制治理结构，该校章程明确规定："教职工代表大会、校务委员会、党总支、学术委员会、学生会、教师家长委员会等组织，共同组成学校权力机构，分别决策相应事项。各治理主体互相制约，防止决策失误或某一方权力过度膨胀。"

二次分权的重点是让教师拥有专业自主权，其主要权利包括《中华人民共和国教师法》所规定的教育教学权、科学研究权、学生管理权三项权利。当然教师的专业自主权不是没有限制的，因为专业自主权与自由相融、与约束相抗、与责任相连，自主、自由是与责任连为一体的。当前，政府和外部力量对于学校干预过多，以及学校对于教师要求过多，叠加起来导致教师负担过重，难以把精力聚焦于教育教学主业。因此，需要为中小学教师减负。2019年中共中央办公厅、国务院办公厅印发《关于减轻中小学教师负担进一步营造教育教学良好环境的若干意见》，对督查检查评比考核事项、社会事务进校园、相关报表填写工作、抽调借用中小学教师事宜四个方面予以统筹规范，旨在切实减轻中小学教师负担。此外，在学校层面，学校不能层层加码，要尊重教师的教学自主权，要维护教师的休息权。

完善多元主体参与学校决策的制度，使学校决策更加科学合理

这里的多元主体类型广泛，校外的主体包括家长、社区、专业组织等，校内的主体包括教师和学生。《中国教育现代化2035》要求建立社会参与学校管理机制，鼓励学校开放办学，努力形成家长、社区、用人单位、行业协会等共同参与学校治理的格局。师生可作为个体对学校决策直接提出个人意见与建议，也可以通过教代会、学代会、工会、学生会等参与学校决策。

此外，学校领导班子成员也是学校治理的重要主体，应该集体参与学校决策。集体领导、集体决策可防止主要领导独断专行，避免决策失误，实质上也是多元共治。领导班子讨论重大问题时，每个成员都要充分、真实表达个人意见，主要领导要"末位表态"。2022年1月中共中央办公厅印发的《关于建立中小学校党组织领导的校长负责制的意见（试行）》明确要求，学校党组织会议和校长办公会议（校务会议）要坚持科学决策、民主决策、依法决策。讨论决定学校重大问题，应当在调查研究基础上提出建议方案，经学校领导班子成员特别是党组织书记与校长充分沟通且无重大分歧后提交会议讨论决定。

学校党组织要担当元治理的角色，不断完善党组织领导的校长负责制

学校层面的多元共治同样会引发"谁来负责"的问题，在学校自治的大前提下，担当元治理角色的是学校。但是学校是个抽象的概念，具体而言，学校治理中的元治理角色应是学校党组织。党组织是学校层面多元共治的设计者、发起者、推动者，要整合多元利益诉求，统筹规划全校工作，解决治理中的碎片化问题，并对学校治理的效果进行评估与问责。

需要注意的是，党组织是一个集体，不是书记也不是校长个体。学校层面的元治理是通过学校党组织集体领导去发挥作用的。《关于建立中小学校党组织领导的校长负责制的意见（试行）》规定，党组织履行"把方向、管大局、作决策、抓班子、带队伍、保落实的领导职责"。学校党组织实行集体领导和个人分工负责相结合的制度。凡属重大问题都要按照集体领导、民主集中、个别酝酿、会议决定的原则，由党组织会议集体讨论做出决定。

加强班级层面的教育治理

讨论教育治理问题，必须深入班级层面，班级生活对于学生成长具有重要影响。班级管理中存在的突出问题是教师尤其是班主任对学生管得过多，科任教师、家长、学生对班级事务参与不足，一些班干部有行政化苗头等。分析班级层面的教育治理问题，也要紧扣多元共治这个治理的本质特征展开。

班级层面进行"三次分权"，让学生获得"学习自主权"

"三次分权"是相对于政府向学校的"一次分权"、学校向校内机构和师生的"二次分权"而言的班级管理层面的分权，即把教师所拥有的班级管理权下放给相关主体。例如，班主任可以让全班学生民主推荐中队长、小队长、班委人选，可以把联系社区让学生参加社区服务的工作委派给家委会，可以科学适量布置作业让学生有更多自主支配的时间，等等。

在教育领域，中小学生的利益表达比较微弱，学校、教师和家长对学生管得过多过细，学生的自由、自主、自治严重匮乏。中小学生的学业负担繁重，全面发展、个性发展严重不足，学生的法定权益甚至连基本的人权如休息权都很难得到保障。学生负担过重是当前一个突出的问题，严重影响到学生的生存权与发展权。学生的自主与学校、教师、家长对于学生的管理是此消彼长的关系。尊重和保护学生的学习自主权，就需要限制学校、教师、家长的权力，减少后者所布置的过量、重复性的作业，减少后者所施加的过度、苛刻的管理，尤其要防止个别班主任滥用权力对学生造成伤害。

健全多元主体参与班级决策的制度，减少班级决策失误

班级层面的决策涉及很多事项，包括班干部推选、学生评优、排座位，班级公约、班级活动计划的制定，家委会如何产生、如何开会决策，等等。这些都需要学生、家长参与决策，不能由班主任个人说了算。由于存在信息不对称问题，集体决策可以有效防止班主任由于掌握信息不充分而导致的决策失误甚至错误。另外，就班级事务和学生发展问题，班主任还需要与承担本班教学任务的科任教师沟通商议，全面了解学生的学习状况。

班主任要担当元治理角色，有序有效推进班级民主管理

班级管理中，一直以来都是班主任发挥主导作用，类似政府在行政管理中发挥主导作用。在多元共治的背景下，班主任依然要发挥主导作用，也只有班主任能够发挥主导作用，但这个主导作用与过去不同，是"新主导作用"，班主任承担的是元治理的角色。班主任的元治理作用与政府、学校的元治理作用相似，主要包括主导设计班级多元共治的制度与平台，确保学生、家长、科任教师等主体充分表达各自利益诉求；对家长间、学生间的利益分歧进行整合，保护学生的合法权益和长远利益；统筹规划班级工作，重点加强家校协同育人；对班级层面的教育治理效果进行评估，并在职权范围内对家长、学生的不尽责行为予以问责。

在教育治理中，重点和难点是扩大与保障学校、教师、学生的自主权，需要通过一次、二次、三次分权，为学校、教师、学生减负，让学校拥有更多的办学自主权，让教师拥有更多的专业自主权（教学自主权），让学生拥有更多的学习自主权。自主带来自由，带来活力，带来学校、教师、学生更好的发展。

（原文发表于《中国基础教育》2022 年第 2 期）

推进教育治理改革必须以学生发展为导向

一谈教育治理，我们往往习惯于宏大叙事，把教育治理视为多元共治、政府元治、学校自治、厉行法治的组合体。这种理解的确反映了政府层面、区域层面对教育治理的基本要求，但问题在于离学生太远，在此框架中找不到学生的位置。教育以育人为本，如果不把教育治理与学生发展联系起来，教育治理就没有教育味道，就不能成为名副其实的"教育"治理。

教育治理需要从宏观领域走向微观领域、从宏大叙事走向细节分析。学生发展是教育治理问题的逻辑起点，教育治理必须坚持学生中心，以学生发展为导向。

班级与课堂是学生生活的基层社会组织，要让教育治理具有教育味道，必须深入到与学生生活直接相关的班级层面、课堂教学层面。班级层面的教育治理涉及众多事项与利益，诸如班干部、团队干部的推选，学生评优评奖、排座位、参加活动的机会，班级公约、家长公约、班委会、家委会工作制度，班级年度计划的制订，家长会、班会的开法等，这些都涉及学生的切身利益，需要学生与家长的多元参与、民主决策。当前班级管理中的突出问题是，师生关系民主化平等化不够，对于班主任的权力约束不够，学生和家长参与不足，班委会也存在行政化、官僚化问题。课堂教学中也涉及多元参与的问题，例如：教师在课堂上如果总是提问几个成绩好的学生，就违反了多元参与、充分参与的治理原则。可见管理与治理活动，和班级与课堂教学活动，并没有鲜明的界限。在教育微观领域，当一个教师的行为对学生的利益产生实质影响时，就已经是管理问题了，就需要多元共治。

教育治理的本质是多元共治，多元共治的优势在于，可以让利益相关方充分表达自己的利益诉求，通过沟通、协商甚至争吵与谈判，就某些利益问题达成共识，调整与优化利益关系。此外，还可以就培养目标、课程内容、教学方式、考试评价方式等专业性比较强的问题进行讨论协商，使学校在最核心的教学事务上与学生、家长达成共识，以形成家校合力。多元共治有利于实现教育决策的科学化合理化。而且，学生参与共治本身就具有教育价值，有利于培养学生的民主参与素养和自主发展素养。

当前，在班级层面，不少教师尤其是班主任对学生管得过多过死，学生的自由、自主、自治严重匮乏，学生缺乏生命活力，甚至学生的基本权利都很难得到保障。因此，当前班级和课堂层面教育治理最重要的任务，就是给学生减负，让学生全面发展、个性发展、健康成长。

班级层面的多元共治要求班主任分权，通过分权实行多元"共治"。多元主体包括班主任、科任教师、学生、家长、班委会、班级层面的家委会等。要充分发挥团队委、班委会、家委会的作用，将其建设为学生与家长民主参与的良好平台。例如：班主任可以把学生评优工作下放给班委会去做，可以把联系社区让学生参加社区服务的工作委派给家委会去落实，而不是由班主任一个人决定或实施。

班级层面的教育治理，其直接目标在于给学生提供更多的"自治"空间。学生的自主权不是一个孤立的问题，而是一个关系性、结构性、制度性问题，必须在一个关系框架中去把握与解决。学校、教师、家长对学生管得越多，学生的自主权就越少。保护学生的自主权，就需要限制学校、教师、家长的权力，防止后者对学生进行过度的、苛刻的管理。推进班级层面的多元共治，需要赋予班主任更大的权力，让班主任可以有所作为；但同时也要限制班主任的权力，防止其滥用权力。

当然，不论是共治还是自治，都要以"法治"为基础，学校和班主任要加强班级治理的制度建设，包括程序性制度和实体性制度，搭建共商平台，确保各主体能充分表达自己的利益诉求，明确不同主体的程序权利和实体权利，为教育治理有序有效开展奠定制度基础。

班级层面的教育治理是离学生最近的教育治理，是学校、区域层面教育治理的根基所在。在逻辑上，要根据需要什么样的班级教育治理，由内向外推展出需要什么样的学校治理与政府治理，而不是反过来。

（原文发表于《中国基础教育》2023 年第 6 期）

推进班级层面的教育治理

　　教育治理是当下的热门话题。治理的本质不是"严管""严控""严治"，甚至也不是"法治"，而是"多元共治"，其本质是多元主体参与的民主管理。多元共治之所以必要，主要是为了消除单一主体的政府管理所具有的弊端。在教育管理中，讨论教育治理时，往往聚焦于优化政府与学校的关系，但是只停留在政校关系层面是不够的，必须关注微观领域中班级层面的问题。

　　班级治理之所以必要与重要，是因为班级对于学生发展而言至关重要。中小学生是在班级中生活的，也是在班级中成长的。在班级中，学生学习知识技能，与同伴、与教师发生密集互动，班级作为一个集体组织，对学生的情感、态度、价值观的发展，对学生的社会化发展，具有细致而深远的影响。与学校相比，班级是更具有实质性教育意义的组织。班级具有正式的组织结构与人际关系网络，也有明确的集体目标与成就导向，是具有一定自治性质的特殊社会组织。

　　推进班级层面的教育治理，要点有三。

　　第一，推进班级层面的"多元共治"。多元共治是针对"一元独治"而言的。班级层面的教育治理要解决的主要问题，是班主任"一元独治"、科任教师和学生及其家长参与不足、对班主任的权力约束不够、某些班级的班委会有官僚化倾向等问题。

班级管理涉及诸多事项，如班干部、小组长的推选，学生评优评奖，排座位，班级公约、家长公约、班委会工作制度、家委会工作制度、班级年度计划的制定，家长会、班会的召开等。对于这些事务，往往是班主任个人决断，这种做法有其优势也有局限性，虽然工作效率可能比较高，但未必科学理性和公平公正。而多元共治有利于增进班级管理的科学性与公平性。

班级层面的多元共治，主要包括以下内容。（1）通过"管理分权"进行多元共治。班主任不再大权独揽，而是分权给相关主体如学生、家长、班委会、家委会等，如班主任把学生评优的工作下放给班委会去做，让全班同学民主推荐班干部，而不是由班主任直接指定。（2）通过"参与决策"进行多元共治。参与决策的班级内外主体包括班主任、科任教师、学生、班委会、家长、家委会、社区等。针对不同的班级管理事项，参与主体会有所不同。

第二，推进班级层面的"班主任元治"。多元共治有利于释放学生、家长、班委会、家委会等的活力，也有利于限制班主任的不当管理行为，但是共治并不必然带来善治。那种"乱哄哄你方唱罢我登场"的所谓参与，反而会带来混乱，秩序与效率均无从谈起。在逻辑上，多元共治必然会引发多元主体中"谁来牵头""谁来负责"的问题。班主任责无旁贷，要承担起"元治理"的角色。元治理即"元治"，是指"对于治理的治理"，即对于多元共治的治理。班主任在多元治理中，依然要发挥主导作用，但是这个主导作用是"新主导作用"，即承担元治理角色。

班主任的元治理作用主要表现在以下方面。（1）班主任要主导设计多元参与共治的制度，尤其是程序性的参与规则，搭建交流共商的平台，确保各方主体尤其是学生、家长等主体充分表达各自利益诉求，要特别关注弱势家庭的学生、家长的利益能得到充分表达。（2）班主任要直面多元主体的利益分歧甚至利益冲突，积极引

导、协调与整合多元利益，以形成共识，并与不正确的利益诉求
（如部分家长过分追求分数的诉求）做斗争，维护学生的根本利益
与长远利益，捍卫教育的公益性。（3）班主任在自己的职权范围内
对治理效果进行问责，例如：对学生和家长的不尽责行为根据班级
公约、家长公约和相关制度予以问责。

第三，推进班级层面的"学生自治"。自治是指"自主权"，
与自主、自由、权利等高度关联。在政府与学生、学校与学生、教
师与学生等关系中，学生都处于弱势地位，学生的利益诉求容易被
忽视，学生的合法权益容易受侵害。学校、教师和家长对学生管得
过多过死，学生的法定权益甚至连基本的人权如休息权都很难得到
保障。给学生减负，让学生全面发展、健康成长，这就是最大的教
育公益性。

班级层面的教育治理，不论是多元共治，还是班主任元治，最
后都是为了增进学生自治，让学生得到自主、自由而充分的发展。
在班级治理的背景下，既要以多元共治约束班主任的权力，又要赋
予班主任更大的权力与责任，让班主任发挥元治理作用，还要提升
班主任专业化能力与薪酬待遇，使得班主任的责、权、利三者相
统一。

（原文发表于《中小学管理》2021 年第 12 期）

自治与共治：
教育治理背景下的中小学管理改革

2013 年 11 月，党的十八届三中全会正式提出"推进国家治理体系和治理能力现代化"。2014 年，教育部袁贵仁部长在全国教育工作会议上做了题为《深化教育领域综合改革 加快推进教育治理体系和治理能力现代化》的讲话。"治理"和"教育治理"成为重要的政策话语和管理话语。

但在教育实践中，"教育治理"似乎被淹没在 2014 年众多的教育改革之中。实际工作者对于治理的反响并不强烈，很多人对于治理的本质并没有形成深度理解。有人把治理与管理等同，认为只是换了个说法，换汤不换药；有人把治理与管理对立起来，认为"从管理到治理"是一个质的飞跃，管理是落后的，治理是先进的，把治理说得神乎其神，甚至要用"治理"一词取代"管理"一词，把管理彻底打倒在地。这两种认识都是错误的。治理与管理有联系、有区别，二者实际上并不冲突。

何谓治理？何谓教育治理？笔者认为，治理（governance）的典型特征是多元主体共同参与，即"共治"。共治是路径，善治（good governance，直译为"好治理"）是目标。教育治理是指国家机关、社会组织、利益群体和公民个体，通过一定的制度安排进行合作互动，共同管理教育公共事务的过程。教育治理是中小学管理改革的大背景，也是大方向，其突出特征是多主体参与的合作管理、共同治理。善治本身也不是目的，善治最后的目标是公共利益的最大化；教育善治的最后目标是办成"好教育"（good education），好教育意味着教育领域公共利益的最大化。共治并不必然带来善治，但没有共治必然没有善治，共治所具有的内在优势有助于达成善治。①

实践和研究都表明，只靠政府单一主体的管理，不能有效解决复杂的教育问题；只靠市场机制，也不能有效提供公平优质的教育公共服务。教育管理中的"政府失灵"和"市场失灵"，使得治理走上历史舞台，成为一种新的问题解决机制。这种机制，强调政府和市场之外的社会参与，强调运用社会和民众的力量改进管理。在教育治理的框架下，各种不同的教育利益诉求能得到充分表达，教育决策、政策与立法得到充分讨论与论证，这从政治生态上消除了人治显性或者隐形存在的可能性。教育治理是对于传统教育管理方式的超越，更多地体现出基层民主、直接民主、协商民主的特点，是教育管理民主化在新的发展阶段的集中体现。因此，教育治理与教育管理并不是对立的关系，前者只是后者的一种高级形态。不能用"教育治理"的概念否定和取代"教育管理"的概念。②

从实践层面看，教育治理并不神秘，也不是空穴来风，推进教育治理是对我国一直在持续进行的教育管理改革的深化，与过去教育改革的思路一脉相承，与简政放权、教育行政职能转变、建设现代学校制度等是一致的。教育治理发生和表现在区域层面和学校内部层面。本文主要关注学校内部层面的教育治理。在学校内部管理层面，从政府与学校的关系上看，学校的主要角色变化是走向"自

---

①　褚宏启. 教育治理：以共治求善治 [J]. 教育研究，2014（10）：4-11.

②　同①.

治"；从学校与教师、学生、家长、社区等的关系上看，学校的角色是与其他主体一起对学校进行"共治"。

推进学校自治

长期以来，受计划体制影响，学校依附于政府，缺乏办学自主权，办学活力不足。在管理内容上，政府在管理学校时，管了一些"不该管"的事，管了一些"管不好"的事，还有一些该管而"没管好"的事。尽管经过多次改革，但政府职能依然未能实现根本性转变，仍有不少难点和重点需要突破。在管理方式上，政府对学校的管理过于直接和微观。这样做的结果是压抑了学校的办学活力，滋长了学校对政府的过度依赖。

当前，学校最需要做的变革就是"从他治到自治，从依附到自主"。"自治"是相对于过去单一主体的政府"他治"而言的。学校自治是指构建新型的政校关系，推进政校分开、管办分离，政府简政放权，改变直接管理学校的单一方式，减少不必要的行政干预，切实落实学校办学自主权，使学校真正成为独立的办学主体，能够自主管理、自主办学。简政放权的重点是政府向学校放权，让学校能够自主发展。

2010 年《国家中长期教育改革和发展规划纲要（2010—2020年）》明确提出：落实和扩大学校办学自主权。政府及其部门要树立服务意识，改进管理方式，完善监管机制，减少和规范对学校的行政审批事项，依法保障学校充分行使办学自主权。2012 年教育部印发的《全面推进依法治校实施纲要》也明确提出：要切实转变管理学校的方式、手段，从具体的行政管理转向依法监管、提供服务；切实落实和尊重学校办学自主权，减少过多、过细的直接管理活动。要列出政府给学校放权、分权、授权的细目和清单，要切实扩大学校在办学模式、育人方式、资源配置、人事管理、合作办学、服务社区等方面的自主权。

　　值得注意的是，学校层面的自治与学校层面的共治并不矛盾，是并行不悖、两面一体的。自治不是校园内"独立王国"的校长专断专制，而是教师、学生、家长等利益相关者充分参与，教育专业组织积极介入的合作共治；其实质是建设依法办学、自主管理、民主监督、社会参与的现代学校制度。

推进学校共治

　　学校自治与学校共治是统一的。学校共治是相对于过去学校作为唯一或者主要的主体进行学校管理，教师、学生、家长等利益相关者对学校管理参与不够而言的。学校共治是学校、教师、学生、家长、社区、社会组织等主体，对于学校"从政府那里所获得的自治权力"的共有、共享、共管。

　　学校内部治理是共治主体依据规则开展的教育管理活动，涉及管理的多主体、多因素、多环节。多主体包括学校、社会组织，以及教师、学生、家长等公民个体；多因素包括发展规划、课程管理、教学管理、经费管理、人员管理、质量保障、质量评价等多项管理内容；多环节包括计划、决策、执行、控制等多个管理环节。

　　我们需要列出一个清单，明确不同的主体、不同的管理事务、不同的管理环节之间的关系，亦即明确某一个主体对于哪些管理事务、在哪些管理环节上，具有权利、义务和职责。必须对这些有明确的界定，否则，必然导致管理的混乱，并带来治理的失败。因此，共治要求法治，或者说，法治是共治的基础。学校需要依法制定学校章程，并完善学校各项规章制度，尤其是多元主体共同治理的规则和制度。

　　利益相关者参与学校管理不足或者根本没有参与，是当前最突出的问题。教育治理中要特别关注众多利益相关者中弱势群体的利益表达与利益保护，因为它们的声音很容易被遮蔽、被掩盖、被忽视。因此，需要建立健全弱势群体有效参与、深度参与教育治理的体制机制，特别是需要建立健全师生、家长参与学校治理的制度。

推进学校内部的合作共治，要点有四。

第一，推进多方主体共同治理。学校的重要决策需要多方参与、共同把关。对学校发展规划、基本建设、重大合作项目、重要资产处置以及重大教育教学改革等决策事项，应当进行合法性论证，开展合理性、可行性和可控性评估，建立与完善职能部门论证、邀请专家咨询、听取教师意见、专业机构或者主管部门测评相结合的风险评估机制。

第二，推进师生参与治理。学校专业技术职务评聘办法、收入分配方案等与教职工切身利益相关的制度和事务，要经教职工代表大会审议通过；涉及学校发展的重大事项，要提交教职工代表大会讨论。要扩大教职工对学校领导和管理部门的评议权、考核权。要积极拓展学生参与学校民主管理的渠道，进一步推进学生自主管理。制定涉及学生利益的管理规定时，要充分征求学生及其家长的意见。

第三，推进家长参与治理。中小学应当逐步建立健全家长委员会制度。家长委员会承担支持教育教学工作、参与和监督学校管理、促进学校与家庭沟通合作等职责，其成员应当由全体家长民主选举产生。学校应当提供必要条件，保障家长委员会对学校和教师的教育、教学、管理活动实施监督，提出意见和建议；学校应当定期与家长委员会成员进行沟通，听取意见。学校实施直接涉及学生个体利益的活动时，一般应由学校或者教师提出建议和选择方案，并做出相应说明，提交家长委员会讨论，由家长自主选择、做出决定。

第四，推进社会参与治理。中小学要积极探索扩大社会参与学校办学与管理的渠道与方式。完善与社区、有关企事业组织合作共建的体制和机制，更多地引入社会资源，健全制度，扩大社会参与的广度与深度。①

提升治理能力

参与治理的多元主体，无论从整体层面还是个体层面，都需要提升治理能力。同时，我们需要特别关注学校这一主体在整个治理体系中、在多个个体中的主导作用和"元治理"角色。

第一，通过完善治理体系，提高整体治理能力。从结构功能理论的角度讲，治理体系是结构，治理能力是治理体系的外显功能。治理体系健全了，治理能力相应也就提高了。这需要顶层设计，需要建立一个具有包容性、开放性的治理主体结构框架和治理规则体系框架，详细规定谁参与治理、参与哪些管理事项和管理环节、参与到什么程度。这实质上是制度建设问题。学校治理必须制度建设先行，必须以法治为基础，必须建立健全不同层级的法律法规和学校层面的规章制度。

在治理体系和制度建设中，我们特别需要建立低成本的利益表达机制，以利于利益相关者中的弱势群体的利益表达和利益保护。其要点如下：（1）促进学校信息公开，充分保障利益相关者的知情权，降低信息获取成本；（2）确保意见表达，疏通拓宽利益表达渠道，降低意见表达成本；（3）扩大决策民主，建立灵敏的民意反馈机制，降低民意对接成本。② 通过这三项举措，让教师、学生、家长的利益表达更加充分和顺畅，让他们能更好地行使民主决策权利。

第二，通过加强能力建设，提高个体参与治理的能力。教育治

① 参见《全面推进依法治校实施纲要》。

② 张贤明. 低成本利益表达机制的构建之道 [J]. 吉林大学社会科学学报，2014（2）：13-19，171.

理是多元参与的民主管理，需要提高每一个治理主体的参与能力，特别是需要让弱势群体掌握参与技能。要通过多样化的培训，提高教师、学生和家长的民主参与意识和民主管理能力，使他们能理性表达利益诉求、整合利益诉求，并在此基础上进行理性决策，避免决策的情绪化和随意性。

第三，通过发挥学校的主导作用和"元治理"作用，提高治理能力。在学校治理中，即便参与共同治理的每一方主体都具备良好的能力，也可能会出现一盘散沙、群龙无首的局面。因此，尽管多方主体都参与到学校治理中来，但其地位和作用是不同的，学校需要在其中发挥主导作用，承担"元治理"的角色。这种"元治理"作用，与政府在区域性教育治理之共治中所发挥的"元治理"作用类似。

在学校内部的多元治理中，"元治理"不否定参与的各主体对于治理的贡献，但特别强调学校的"领头羊"作用。具体而言，学校的"元治理"角色表现在：（1）协调和整合多元主体的利益分歧，维护公共利益，保证教育领域公共利益的最大化；（2）确定学校发展的方向、目标，解决多元主体的目标分化问题，依法制定规章制度，为多方主体参与管理提供共同的行动目标和行为准则；（3）进行统筹和调控，解决治理活动的分散化、碎片化和不可持续等问题。

教育治理吹响的是民主管理的号角，教育治理是更广泛、更直接、更深入的民主管理。越是基层性的民主，就越是实质性的民主。我们相信，这种实质性民主，会带来更好的管理，会带来更好的教育。

（原文发表于《中小学管理》2014 年第 11 期）

建设现代学校制度：校长应注意什么？

学校制度是指关于学校的规则体系，其作用在于调整学校内外部的关系，使教育有序运行。学校制度所要调整的内部关系包括学校与教师、学校与学生、教师与学生等关系；外部关系包括学校与政府、学校与社会等关系。本文主要讨论学校内部的制度建设问题。

建立现代学校制度是依法治校、民主管理的要求，也是校园文化建设和校园政治文明建设的组成部分。校长作为学校发展和学校管理的首要负责人，应该关注现代学校制度建设，并在校内制度建设中发挥主导作用，成为推进和建构现代学校制度的灵魂人物。

校长在建设现代学校制度中，应该注意以下几个关键问题。

正确理解现代学校制度的内涵

不要把"现代学校制度"神秘化

"现代学校制度"概念中的"现代"并不具有历史分期意义上的时间含义。目前人们所讨论的"现代学校制度"，显然不是指现代社会开始以来所建立的、与现代社会在同一个历史起点上的"关于学校的规则体系"。此处的"现代"作为一个修饰词，就是"好的、先进的、能适应时代需要的"等类似的意思。

"现代学校制度"这个概念可以被通俗地理解为"一个好的、关于学校的规则体系"。

注意历史和现实渊源

自从有了学校，就有了关于学校的规则和制度。这些规则存在了几千年。人类一直在寻求建构好的学校制度。改革开放以来，中国不断进行教育体制改革和校内管理体制改革，如转变政府职能、实施校长负责制、实行教师聘任制、建立校本培训制度等。这些做法在笔者看来，都属于"好的学校制度"即现代学校制度的范围。现代学校制度所关注的各种关系的调整问题，实际上是老问题，只不过现在我们使用"现代学校制度"这样一个响亮的名号，它似一面鲜明的旗帜把这些问题都统领起来。因此，不应该否定和割裂历史，不应该在现代学校制度和已往的、现存的各种学校制度之间划一道鸿沟。实际上，国人所追求的现代学校制度中的很多要素，在现实中已经存在，特别是在教育发展比较先进的国家、地区和学校。我们应该在继承中创新，吸收国内外已有的学校制度中的好东西。

在建设现代学校制度时，我们应该与历史对接，与现实对接。这样，现代学校制度才能有现实意义和社会价值，才不会沦为一块与现实问题不沾边的"空中飞毯"。

应该有国际视野

"现代学校制度"是一个有中国特色的概念，国外并没有这种提法。但是"现代学校制度"的内涵却具有国际性，它指的就是一种"好的、关于学校的规则体系"。在这个意义上讲，西方盛行的"校本管理"，就属于典型的现代学校制度。

我们不应该把"现代学校制度"这个概念局限于中国的语境下，这样会使我们对这个问题的讨论失去国际视野，会丧失国际性的学术和思想资源，而且会为中国现代学校制度的建设制造人为的障碍。

明确现代学校制度的价值追求

应该以学生的发展为本

价值是源，制度是流。现代学校制度是一种"教育制度"，是关于教育的规则。教育的规则应该体现和弘扬教育的精神，应该服务并服从于教育的宗旨。现代教育的宗旨是使所有的学生都获得充分、全面的发展，这也是现代学校制度的根本目标。

我们稍加注意就可以发现，国内学术界当前在讨论现代学校制度时，对产权、投入、市场等问题给予了过多的关注，而对学校的核心工作——教育教学却关注极少，对学生身心全面发展的问题关注极少。这种现象是很不正常的。

学校制度的建设应该也必须体现学校的本质和特性，不应该把现代企业制度简单地移植到学校中来，因为学校和企业是两种性质迥然不同的社会组织。企业是一种典型的营利性组织，而绝大多数学校则属于非营利性组织。现代企业制度是为企业这种典型的营利性组织而设计的。诚然，任何组织都要追求效益，但是，学校和企业关于效益的衡量标准大相径庭。前者是衡量学生的全面发展水平，后者则衡量利润的高低。因此，必须根据学校的组织特性建设现代学校制度。

我们应该关注制度的伦理问题，关注本真的教育问题。我们必须对任何一种教育制度的设计（设想）进行价值评判，从伦理层面审视其合理性。

应该有助于形成公平、高效的学校教育秩序

衡量某种制度是不是现代学校制度的基本标准，是看这种制度能不能促进学生充分、全面的发展，能不能规范教育秩序、促进教育公平，能不能提高教育效率。学生发展是中心，秩序、公平和效率是三个基本点。

教育秩序、教育公平和教育效率是现代学校制度所追求的重要价值目标，也是设定规则时所应遵循的指导性原则。

教育秩序是指制度作用于社会关系而建立起来的有条不紊的状态。秩序体现了制度的规范作用和调整功能，显示出制度所具有的统治性和管理性。秩序的存在是人类从事一切社会活动包括教育活动的必要前提。不以规矩无以成方圆。

当前，我国教育中混乱和失序现象大量存在，学校与其他主体（例如政府）的关系失调。人们之所以关注制度研究，原因在于希望通过制度创新，拨乱反正，理顺关系。

教育效益是指教育投入与教育产出的关系，亦即教育成本与教育收益的关系。追求效率是社会发展的基础，讲求效率的社会才是发展最快的社会。一个社会不追求效率必然陷入停滞、落后的状态。任何一个社会组织，都会把追求效率作为一个目标。作为公益性社会组织的学校也不例外。在我国，由于教育资源的稀缺，对教育效率的要求也就更加迫切了。

根据上述标准，我们可以重估、清理现有的教育制度和规则，并根据需要建立起新的规则。应该思考的核心问题是，为了促进学生充分、全面的发展，我们应该抛弃、保留、建立哪些规则？

建设现代学校制度应该注意的几个关键问题

怎样抓住重点？

从内容上，我们可以把校内层面的现代学校制度分为核心制度和外围制度两类。

核心制度是指最能体现学校特性、直接涉及学校使命的制度，即促进学生充分、全面发展的制度。它关注具体的教与学的过程，关注好学生、好教师、好学校的评价标准，关注学生的发展和教师的专业成长，关注教师和学生对学校管理的民主参与。这些方面最能体现教育精神和人文关怀，最能体现"以人为本"的现代发展观，最能体现现代教育的宗旨和追求。

学生的发展、教师的教和学生的学，是现代学校制度最应该关注的问题。其他的制度都是为其服务的。从这个意义上讲，现代学校制度中的核心制度指的是对学生的发展、对学生的学和教师的教有直接影响的制度（如教学制度、考试制度、学生评价制度、校本教研制度、校本培训制度、教师评价制度等），以及与其相近的制度（如与校本管理相关的学校内部管理制度，包括校长负责制、教师聘任制、教职工代表大会制度等）。

这其中，评价制度（广义的评价制度包括考试制度、学生评价制度、教师评价制度、督导评估制度等）又是学校制度中核心制度的核心。建构现代学校制度必须首先从改革评价制度入手。而评价制度的改革，只靠一所或者几所学校是无能为力的，必须由政府、学校、社会共同参与，才能取得成效。改革评价制度，首先必须改变教育观念，用现代的教育价值观、教育质量观、教育评价观、学生观、教师观，去清理、重估和重建教育规则，反复、深入地思考这样一些基本问题：我们到底要培养什么样的学生？什么样的学生是好学生？好教师、好学校和好教育的标准到底是什么？

教育资金筹措制度、学校产权制度、学校后勤管理制度、社区参与制度、教育问责制度等，都属于学校制度中的外围制度，它们都是为核心制度服务的。核心制度的运行和发展需要外围制度作保障。外围制度必须服从教育的内在需要。

显然，我们的教育出现了深层次的问题和危机。这些问题和危机主要不是物质层面的，不是投入不足、学校产权、法人地位、营利回报等问题，而是价值层面的。我们应该在价值层面上深刻反思中国教育问题的症结所在，并在新价值观的基础上建构新制度。

为什么要建立现代学校制度？我们是为了解决中国教育中深层次的问题，是为了提升中国教育的内在品质。即使中国的教育经费充沛，政府与学校的关系和谐，学校的法人地位得以确立，学校的产权明晰，民办教育已经取得了大发展……总之，即使所有这些保障问题和关系问题都得到了很好的解决，我们依然需要建设现代学校制度。现代学校制度最应该关注的是教育的内在精神品质问题，而不是外在的物质基础问题。因为即便在极其艰苦的办学条件下，有些学校依然可以洋溢着教育精神，充满着现代追求。抗战时期的西南联大就是一个范例。

处理好学校与政府的关系

建立新型的、良性的政府与学校的关系，不仅是政府职能转变和现代学校制度建设的要求，也是教育改革和学生发展的要求。政府与学校关系调整的关键，是保障和监控学校办学的自主权问题。

为什么要让学校拥有办学自主权？为什么给了学校自主权，又要对之进行监控？

给学校自主权，实质上是要求学校实行校本管理，即"以基层为本的管理"，这是大趋势的反映。以基层为本的管理，在本质上要求把决策权下放给基层。这样做的理由在于基层更了解实际情况，能更有效率地做出迅速反应。给学校自主权，就是让学校摆脱对政府的依附性，进而凸显学校的主体性，增进学校办学的专业性，更好地满足学生的教育需求，促进学生的发展。

需要引起高度注意的是，学校拥有办学自主权后，政府依然需要对学校进行管制（管理）。这是由政府与学校法律关系的性质决定的，也是一种客观的需要。因为学校也会出现机会主义行为。从理论上讲，权利和义务、权力和责任是对等的。政府放权给学校，学校获得的不仅有权利（力），还有相应的义务与责任。既然有义务和责任，政府就需要对学校履行义务职责的情况进行监管、监控、监督。因此，学校的自主管理权是有限的，学校的自主是有限的自主。政府对学校的放权和政府对学校的管制，应该同时加强；否则，必然产生权利（力）和义务的不均衡，这会带来新的问题与混乱。

在讨论政校关系时，人们往往一边倒地批评政府，认为政府该做的，不做；而做了的，又是不该做的。实际上，学校也有类似的问题。不能把政府"妖魔化"，也不要把学校理想化。问题并不只是出在政府身上。学校和政府一样，也存在一些机会主义行为，甚至存在一些违背教育精神、违反法律法规的行为。

学校的形象和政府的形象都需要重塑。

处理好学校与教师的关系

有这样一个假设：学校有了自主权以后，就不再受政府部门的直接干预了。从此，它可以专心办学了，可以加强教育和教学活动的专业性了，可以更好地促进学生的发展了。这个假设中的推理，并不必然成立。自主权大了，并不等于专业性就强了。现实中已经出现了这样的情况：政府放权给学校，结果校长把下放的权力给截留了，没有进一步下放给教师，反而用新增的权力损害了教师本来就很少的教学自主权。

前文分析表明，如果教师的教学自主权匮乏，就难以使教育教学保持高水平的专业性。因此，需要"二次放权"——校长应该把政府下放的权力进一步下放给教师。

现代学校制度应该赋予教师更多的教学自主权，而不是制定更多的规则，约束教师的教学自由。这是由教育教学的本质决定的。

学校最核心的活动——教学活动，是教师的精神世界与学生的精神世界的对话。这种对话的质量，取决于教师的内在修养和自觉努力，而非用制度对教师施加外在强制作用的结果。如某校的规章制度对教师提出了以下要求：遵守学校教学常规管理制度，做到备课尚实、教学求新、辅导完全、考评从严，认真完成每一教学环节的任务；严格按课程表规定的课程上课，不擅自改变课程；上课不迟到，不拖堂，不带手机、传呼机进教室等。但是，学校不可能对具体的、师生互动的教学过程提出限制性规定，也无法强制规定教师先讲什么、后讲什么、用什么方法讲，更不能强制规定教师何时讲授、何时举例、何时提问、何时严肃、何时微笑等。可见，制度对精神活动是没有办法规范的。对学生发展起根本性作用的，不是制度，而是教师的职业素养。

在制度（强制性规则）无法发挥作用的地方，非强制性的道德规范的价值就凸显出来了。教育的希望在于教师的内在品质，而不在于规则。教育寄希望于教师的精神境界。教师的精神境界有多高，教育的境界就有多高。

道德准则是一切教育活动的宪章，它强调精神交流的自由和平等。它要求在教育教学中，学生有学的自由，教师有教的自由，师生人格平等，师生关系民主。只有如此，教育才能恢复其本来面目，教师才能真正被称为"人类灵魂的工程师"。

学生有学的自由，是指给学生的精神活动以充分的空间，让他们可以思考、想象、发问、探索、欢笑、苦闷，而不是用考试和分数压抑他们的成长。

教师有教的自由，即教师有教学自主权（教师的教学自主权属于学术自由的一部分。学术自由，既包括生产知识的自由，也包括传播知识的自由）。他们可以自由地选择自己认为最恰当的教学方法，组织具体的教学过程，决定出什么样的思考题，决定怎样稳步地建构学生的精神世界，而不是整天为提高所教班级学生的分数寝食难安、忧心忡忡。

只有这样，学生才会有学的乐趣和成长的欢乐，教师才会有教的乐趣和工作的幸福，他们的人生也才会因此而更有意义和价值。

客观认识现代学校制度的局限性

首先，教育活动的本质，就决定着一切教育规则（包括现代学校制度）都具有自身无法克服的局限性。教育是一种精神活动，它通过教师与学生间的精神沟通，建构学生的精神世界。教育产品是精神产品，这种产品的生产过程就是精神世界（师生之间、学生之间）相互作用的过程。教育的本质是精神的流转。

问题在于，制度和法律都属于行为的规则。它只能规范人的行为。规则对人的精神活动无能为力，因为精神活动是内隐的，他人无法把握、无法评价。规则能规定人们可以做什么、应该做什么、不得做什么，但规定不了人们应该想什么、爱什么、恨什么；即使规定了，也没有用，因为其无法检测和判断人们真实的精神状况。

其次，现代学校制度作为一种行为规则的体系，它给出的是个人行为或者组织行为的最低标准。即使这种制度很完备，并且能够很好地落实，最后也只是让教育达到一定的基准。它无力把教育提高到一个更高的境界。规则只是底线，但教育无止境，教育无上限。例如：两个教师，都遵纪守法，两人在法律维度上是等值的，都达到了制度所规定的行为底线。但是，两人在教育维度和道德维度上却差别甚大：一个是消极的教师，只做规定做的，从不积极主动地为学生多付出一点；而另一个则积极主动，热爱教育，热爱学生，全面关心学生的成长，与学生在一起，他的内心充满欢乐，与他在一起，学生如沐春风。后一位教师所提供的以人为本的教育，显然在质量上大大高于前者。而他这样做，又显然不是被制度外部强制的，而是出于自己的内在自觉。由此说明，制度是有限的。

最后，现代学校制度对教育变革的适应性是有限度的。教育变革是永不停止的，而制度只是对已经发生过的部分事实进行概括而形成的行为规范，它需要保持一定时间内的相对稳定性，从而确保其权威性和确定性。制度不能朝令夕改。制度的内容，只能说是在一定时间内涵盖了教育发展的部分事实。制度存在漏洞、不能适应教育发展的最新要求是必然的。

现代学校制度的建立对于推进教育改革和学校发展，无疑意义重大。但是，不要依赖制度，更不要迷信制度。制度只是一个工具，不是目的。不能为制度而建立制度，应该同时思考制度的伦理基础。另外，制度是人设定的，制度创新是一个试错的过程，制度的完善是一个渐进的过程。好的制度需要长时间的培育。在清理旧制度和建设新制度的过程中，研究者应该保持客观、清醒、冷峻的态度。

（原文发表于《中小学管理》2005 年第 6 期）

现代学校制度的设计理念

　　"现代学校制度"这个概念可以被消解，它指的就是一种教育制度安排，叫不叫"现代学校制度"关系不大。因为"现代"的含义不具有时间意义；"学校制度"也不仅仅是指学校内部的治理结构，还包括学校与教育行政部门、与社会的关系，因此这里的"学校制度"已超出了学校的范围。鉴于这个概念已经被广泛接受，本文也接纳和使用这一概念。

　　建立现代学校制度是一种制度创新。"教育问题是教育制度创新的起点和动力源。"那么，当前一些人提出的现代学校制度方案要解决的教育问题是什么？需要现代学校制度解决的教育问题应该是什么样的教育问题？

　　当前提出的一些方案似乎有这样一些共识：市场化的制度就是"现代"的，能帮助政府减负、能舒缓甚至解决教育投入问题的制度就是现代学校制度。我认为这是一种表面化的、实用主义的、急功近利的认识。

　　经济市场化并不必然要求教育也要市场化，经济与教育毕竟属于不同的社会板块，有着不同的价值追求。而且现代学校制度的设计不应只是为了解决燃眉之急，实际上，现代学校制度与经费问题无本质联系，经费问题属于教育的保障条件问题，与本真的教育问题无本质联系。

应该这样思考：现代学校制度是一种理想的制度设计，其目的服从于教育的理想。于是问题就转换为：我们要培养什么样的人？我们需要什么样的教育？我们需要什么样的学校？我们需要什么样的社会？我们想让教育具有什么样的社会理想？

市场化不能成为现代学校制度设计的指导原则。在1999年召开的联合国教科文组织的一次国际教育高层会议上，与会者一致认为，"应当澄清这一方面的模糊与混淆。市场规律和竞争法则不适用于教育，包括高等教育"。这是因为，"教育不是经济的一个分支。教育过程、教育目标、教育结果或'教育产品'都不能与经济相提并论。教育实际上具有自身存在的功能，它是社会的一个基本领域，也是社会存在的条件之一。教育同时具有文化功能、社会功能、经济功能和道德功能。教育与整个社会及其各个领域相关联，教育保证社会的延续，保证人类在其全部历史中所积累的知识、技能、规范及经验的传授。教育造就使社会包括经济领域前进、进步、创新和变革的能力"。会议指出，"不能直接或间接地减少高等教育公共经费，也不能将大部分沉重负担转移给家庭，这只能加重接受高等教育机会的不平等"。

现代学校制度的衡量标准所应该关注的，不是产权归属、产权明晰等经济学标准问题，而是教育标准问题，即"什么样的教育才是好的教育"这样的问题。产权重要吗？法人地位重要吗？产权和法人地位都属于民法意义上的概念，与财产流转有关系。教育的本质不是财产流转，而是思想的流转。西方认为学校是"交流思想的场所"，讲的就是此理。

必须私有化才算现代吗？必须实行股份制才是现代学校吗？现代学校的辨别标准不是所有权，公立学校、私立学校、混合学校都是现代学校的表现形式。

学校是否具有独立的法人地位也不是现代学校制度的本质特征。例如，美国的众多公立学校隶属于学区，学区是独立法人，而学校不是独立法人。这种学区制下的计划管理体制有利于学区内教育的均衡发展，有利于区域教育的统筹规划。

现代学校制度是一种"教育制度"而不是"经济制度"；其主导价值追求是"社会公平"而不是"经济效率"；其立足点是教育，是学生的充分发展，而不是"利润"。现代教育制度不应成为市场的奴隶，而应成为市场弊端的价值矫正器。现代学校制度应凸显教育的主体性，凸显教育的社会价值。

如果我们不希望看到一个越来越分裂、越来越不平等的社会，如果我们不想让市场的力量统治一切，如果我们还想让教育成为实现理想社会的推进器，如果我们还尊崇民主、平等、博爱等（被一些"后现代人"所诟病的）价值理想，如果我们还认同人的价值，如果我们不被暂时的、外围的教育问题（教育投入问题）障住耳目，如果我们还有一个更高更远的教育追求，如果我们不再像现在这样浮躁和急功近利，如果我们还想保持教育的主体性、还想让教育有一个高贵的品质，我们就需要一个人道主义的、具有人文精神的、真正的现代学校制度。在这种制度下，我们更关注学生的发展和他们的生活质量，更关注教师的发展和他们的生存状况，更关注教育对矫正社会弊病、引导社会进步的意义。

也许读者会认为这种看法乌托邦的色彩太浓。本文认为，乌托邦永远都有意义，正是乌托邦使我们超越现实，并获得认识、改造现实弊端的视点和动力。

中国的教育制度变革的背景不同于西方。西方的经济市场化的水平较高，而我国的市场经济秩序尚不完善；西方的科层制得到了充分发育，而我国的现代科层制至今发展仍不充分，依然存在许多封建因素；西方的教育经受过福利化的洗礼，而我国的教育一直饱受经费严重短缺的煎熬。因此，就像有些西方学者所指出的，发展中国家引入西方的"新公共管理"（管理主义）一定要慎之又慎。我国的政府职能（包括教育行政职能）转变，我国的教育制度变革，要采取切合国情的路径。

发展中国家在制度变革中，更应该强调政府而不是市场的作用。发展中国家需要一个强政府。我们需要一个强有力的政府来推进建立一个民族的、大众的（民主的）、具有现代教育精神的现代学校制度。这种制度应该体现"新发展观"，即经济社会协调发展、人与社会协调发展，以人为本，体现教育均衡发展、教育公平的要求。政府是制度的主要供给者。政府不能任由市场的力量在教育领域肆虐，应该维护教育公平，为教育发展创造良好的制度环境。

应该关注制度伦理问题，关注本真的教育问题。必须对任何一种教育制度设计（设想）进行价值评判，从伦理层面审视其合理性。正是这种审视，让我们看到了教育中管理主义和市场化的局限性。管理主义很容易使人们忽视教育过程的价值（尤其是一些终极价值）标准（如自治、批判精神、创造性、人性的关怀、容忍、平等、尊重、信任等）。而恰恰是这些价值标准通常成为教育政策争论的焦点，也成为教育政策成败的重要因素。"教育价值是任何教育制度的灵魂而不是'奢侈品'。"

可喜的是，较显强势的教育市场化的声音并没有影响政府的教育决策，《2003—2007 年教育振兴行动计划》对现代学校制度的描述并没有采用经济学的话语。《2003—2007 年教育振兴行动计划》提出深化学校内部管理体制改革，探索建立现代学校制度；要求继续深化学校内部管理体制改革，完善学校法人制度；遵循从严治教、规范管理的原则，加强学校制度建设，逐步形成自主管理、自主发展、自我约束、社会监督的机制；建设精简、高效的学校管理机构，完善校务公开制度，深化人事制度和分配制度改革。

并不是说教育投入问题不值得关注，但投入问题的解决之道是建立和完善真正的公共财政制度，是消除对民办学校的歧视性政策和歧视性行为，是鼓励民间投资、实行办学主体的多元化。企图通过依托优质国有教育资源改制或者出卖优质国有教育资源等方式，为政府减轻教育投入的压力，或者将其作为教育公平问题的解决之道（一种"曲线救国"的方式），实属于"下策"。我们不需要低俗的"为国分忧"，我们也不需要通过不公平的市场手段（无可奈何的择校）去实现的"廉价的教育公平"（类似发展经济学中的"滴漏效应"）。

现代学校制度应该关注学生的发展，它是现代教育制度的核心。我们需要教育投入制度、行政管理制度等外围制度保障作为核心的现代学校制度的运行和发展。外在的制度服从教育内在的需要，而不是反过来。

我们需要逆向思维：在建构教育制度时依照从微观制度到宏观制度的顺序倒推。现代学校制度相对而言是一种微观教育制度，就像微观经济学主要关注企业运行一样，宏观教育制度是为微观教育制度服务的。

现代学校制度的建立并不只是学校内部管理体制的完善问题，还涉及学校与教育行政部门的关系、与社会（社区）的关系等。前者应该被重点关注。建立现代学校制度首要的就是要转变政府教育行政职能，落实学校办学自主权。需要注意的是，转变政府教育行政职能并不只是简单的"放权"。

政府教育行政职能转变的方式，在职权划分上可以采取："下放"，凡必须下放给下级政府部门或学校的职能坚决下放，对于属于学校的职能，在加强规范监督的同时要尽可能多的交还给学校；"转移"，将一部分承担不了的管不好或不该管的职能外移给非政府组织及社会中介服务组织，或平移给政府有关职能部门；"上交"，将必须由中央或上级政府部门履行的职能上收，如教育法规的制定、义务教育经费投入、中外合作办学的组织协调等等。因此，建立现代学校制度并不只是要求"放权"，应该全面理解政府职能转变和现代学校制度的内涵。

（原文发表于《教书育人》2006 年第 6 期）

教育行政专业化与教育行政职能转变

随着教师专业化和校长专业化的不断推进，教育行政的专业化越来越具有紧迫性和必要性。一些教育行政部门不能用正确的发展观、教育观和管理观统领教育工作全局，教育行政管理的观念陈旧、制度陈旧、方式陈旧。现有的教育行政状况越来越不能满足教育改革与发展的要求，某些地方政府的教育行政管理甚至成为推进教育改革、实施素质教育的障碍。在不少地区，教育行政专业化与教师、校长的专业化在水平上处于严重的不均衡状态，教育行政专业化滞后于教师专业化和校长专业化的进程，对教育行政人员的培训落后于对教师和校长的培训，许多校长和教师对当前的教育行政管理很不满意，对相当一部分教育行政人员评价很低。

时代呼唤新的教育行政，教育行政机构的形象需要重塑。教育行政改革势在必行，教育行政专业化是大势所趋。

什么是教育行政专业化的标准

通俗地讲，教育行政专业化要求教育行政机构及其人员既懂"教育"，又懂"行政"。也就是说，新教育行政既要有一个教育标准，又要有一个行政标准。而且，教育标准是首要的、第一位的标准，因为教育行政中的"行政"是为"教育"服务的，"行政"对"教育"的服务水平和服务能力是衡量教育行政好坏优劣的重要尺度。

好的教育行政必须有正确的方向，有符合时代要求的教育导向。把握正确的教育方向是好的教育行政的首要标准，应该也必须用正确的教育观统领教育工作全局。但在现实中，不少地方政府和地方教育行政机构逆社会发展潮流和教育发展潮流而动，用错误的发展观和教育观阻碍区域教育的健康发展。

2005年8月底，某区没有完成预定的在全市"保二争一"的"高考奋斗目标"，上线率降至全市第五。于是，区委、区政府联合下发文件，对区教育局进行通报批评，提出"全区教育系统要痛定思痛，吸取教训，全面对照检查，明确努力方向，采取有效措施，大打高考翻身仗"，"责成区教育局逐级分析原因，追究责任，对近几年高考质量逐年下降、工作无起色的学校校长及领导班子在全区教育系统进行通报批评，对高考上线率大幅下降、作风飘浮、影响较大的学校领导班子以及不胜任现职的校长由区教育局提出意见，上报区委、区政府予以调整。要严格兑现奖罚，如明年高考位次再不能前移，将按照今年全区教育工作会议上确定的奖惩办法，对区教育局领导班子和相关学校的校长做出相应的组织处理"。文件还要求认真学习和发扬领导苦抓、教师苦教、学生苦学的"三苦"精神，层层明确责任，层层加强管理。某市的市委书记多次公开讲"我不管它什么素质教育，我就要升学率！"，使当地的"应试教育"全面回潮。

在上述案例中，政府部门对教育不可谓不重视，但在方向上出了问题，该案例成为政府部门片面追求升学率的一个"范例"。

显然，我们的教育出现了深层次的问题和危机。这些问题和危机主要不是物质层面的，而是价值层面的。我们应该在价值层面上深刻反思中国教育问题的症结，并在新价值观的基础上建构新的教育行政体制。新教育行政应该为解决中国教育中存在的深层次问题、为提升中国教育的内在品质服务。

教育需要理想，不能迷失自己。教育行政也是如此，需要一个正确的主导价值观，否则也会迷失方向。教育行政机构应该以新的发展观，特别是以新的学生发展观统率区域教育工作全局，让政府的公权力为促进学生的全面发展服务，而不是为片面追求升学率服务。

然而，目前人们在讨论"好的教育行政"的标准时，往往对"行政"关注过多，却对"教育"关注太少。必须为教育行政设定"教育"的标准，必须从"教育"的意义上判定教育行政的质量，不能删除评价教育行政的"教育"维度，因为教育行政是对"教育"的行政管理。失去了"教育"的维度，教育行政就不再是真正的教育行政。教育精神是教育行政的根。教育行政需要一个灵魂和方向。

教育行政与一般行政管理相比有其特殊性。对教育行政进行评估必须体现"教育"的行业性和特殊性。好的教育行政不仅要符合现代行政管理的要求，也要符合现代教育的要求，即必须同时符合现代教育和现代行政管理的要求。

现代教育或者说"好的教育"信奉这样一些理念：教育是为儿童发展服务的；教育应该面向所有的儿童，尤其应该关注弱势群体儿童；教育应该促进儿童的全面发展，不能只是用考试分数作为衡量学生发展的指标；应该关注教育的核心过程——教与学，为课堂教学提供有力的支持；教学过程中师生关系应该是平等的，课堂教学应该民主化；等等。

从"教育"的这个视角看，一个好的教育行政人员和一个好的教育行政机构应该信奉并实践上述理念，具备相应的知识和能力，并致力于建立相应的职能、机构和制度。只有如此，才能体现出教育行政人员和教育行政机关"在教育上的专业性"。

中共中央、国务院《关于深化教育改革全面推进素质教育的决定》为评价教育行政改革提供了"教育"的维度，要求教育行政为全面推进素质教育服务。该决定提出，"全面推进素质教育，要坚持面向全体学生，为学生的全面发展创造相应的条件，依法保障适龄儿童和青少年学习的基本权利，尊重学生身心发展特点和教育规律，使学生生动活泼、积极主动地得到发展"；要求"建立符合素质教育要求的对学校、教师和学生的评价机制。地方各级人民政府不得下达升学指标，不得以升学率作为评价学校工作的标准"。

强调以"素质教育观"统率教育行政具有直接的现实意义。教育行政机关的教育观，或者说教育主管领导的教育观，对当地教育的健康发展影响巨大。落后的、错误的、"反动"的（反时代潮流而动的）教育观误国误民，贻害无穷。

必须改变教育观念，用现代的教育价值观、教育质量观、教育评价观、学生观、教师观去重估教育行政，并深入、反复地思考这样一些基本问题：我们到底要培养什么样的学生？什么样的学生是好学生？好教师、好学校和好教育的标准到底是什么？

当然，教育行政专业化也应该有"行政"的标准。"好行政"的标准是科学化、民主化和法治化。

科学化即理性化，是指行政管理应该以事实为依据，深入了解实际情况，尊重研究部门和专家的意见与建议，不搞瞎指挥。简言之，要"实事求是"。

民主化要求转变政府职能，给学校和下级更多的自主权和发言权，决策权下移，实施基层管理和校本管理。简言之，要"自下而上"。

法治化要求依法行政，以规则为依据，尊重程序，信守承诺（合同），避免长官意志所带来的随意性。简言之，应"反对人治"。

近年来，我国一直在积极推进教育行政改革，力求革除现存弊端，建立现代教育行政体系。政府在一系列文件中，对教育行政改革提出了明确的要求。例如，《2003—2007年教育振兴行动计划》提出"切实转变政府职能，强化依法行政，促进决策与管理的科学化和民主化"；要求"加快政府职能转变，……建设相关配套制度，建立公共教育管理与服务体系。规范教育行政部门在政策制定、宏观调控和监督指导方面的职能，依法保障地方教育行政部门的教育统筹权和学校办学自主权"；要求"增强各级教育行政部门依法行政的能力，完善教育行政执法责任制度，加强教育行政执法力度。健全重大决策的规则和程序，加强预案研究、咨询论证、社会公示、公众听证及民主监督的制度化建设，建立科学民主决策机制。加强教育科学研究，为教育改革与发展服务"。这些规定在"行政"维度上为我国教育行政改革提供了标准。

怎样转变教育行政职能

教育行政职能的核心是政府对教育"管什么"和"怎么管"。当前，之所以要求转变教育行政职能，就是因为已有的职能不能适应政府改革和教育发展的要求；也就是说，在"管什么"和"怎么管"上出了问题。

在管理内容上，政府在教育行政职能行使中，管了一些"不该管"的事，管了一些"管不好"的事，还有一些该管而"没管好"的事。尽管经过多次改革，但政府职能依然未能实现根本性转变，仍有不少难点和重点需要突破。特别是在处理中央与地方、政府与学校等关系方面还有诸多重要问题需要认真解决。

在管理方式上，政府对学校的管理过于直接和微观。对学校事务进行具体的干预，办事程序过于烦琐。有些教育行政部门热衷于行使权力，却不愿意承担责任，甚至出现了权力部门化、部门权力利益化、不当利益合法化等非正常现象以及一些消极腐败的问题，败坏了教育行政机构的公共形象。政府对学校的管理主观随意性也很强，依法治教的外部条件尚未完全成熟，法治不敌人治，教育行政部门尚不能够依据法律法规所规定的条件、程序、方式开展行政活动。

可见，教育行政职能存在"错位""越位"和"缺位"现象，出现权限范围内与权限范围外的角色偏离、主要角色与次要角色的偏离，给政府自身和学校发展都带来了负面影响。主要表现在：（1）政府干预过多，造成政府精力分散，负担过重，不可避免地出现了忽视大局、决策失误、行为失职、政策失灵、效率低下等问题。（2）压抑学校的办学活力，滋长学校对政府的过度依赖。（3）导致政府垄断教育，挤压社会各种力量参与办学的空间，阻碍各种教育中介组织的发育和成长。

西方和中国的政府管理实践都表明，无所不在、无所不管、无所不包的"全能型"政府不是最好的政府。应重新选择和定位教育行政职能，摒弃"全能主义"观念，树立"有限职能观"。教育行政的有限职能观要求教育行政机构：（1）放弃"不该管"的职能。例如，在政府与学校的关系上，政府"不该管"的职能是指属于学校自主办学权的职能，这些职能要坚决下放给学校。像学校内部一些具体的人事安排，包括中层干部使用、职称评聘、报酬待遇等，学校应有更多的权限。（2）强化"该管"的职能。这些职能包括：对教育规模、结构、布局等方面进行宏观调控；制定教育政策和法规，制定有效的制度并承担制度推行的责任；制定各类学校设置标准和质量标准；制定教育发展规划；通过公共财政分担学校的教育成本，并通过转移支付促进教育公平；建立支持教育改革与发展的服务体系；检查评价各类学校的教育质量等。

政府职能的行使方式或者说政府管理的方式也应该变革。第一，由原来对学校具体办学活动的直接干预和微观管理，转变为运用政策、拨款等手段进行间接干预和宏观管理。第二，由"人治型"管理转变为"法治型"管理，政府依法行政，学校依法办学，政府依法规范学校办学行为，监督学校办学质量。第三，由"控制型"管理转变为"服务型"管理，建立健全公共教育服务体系，指导学校制定发展规划，为学校提供决策咨询及信息服务。

政校关系调整后，政府的角色将发生重要变化，政府将成为教育体系的构建者、教育条件的保障者、教育服务的提供者、教育公平的维护者、教育标准的制定者和教育质量的监管者。政府角色的上述变化是建立良性的政校关系、保障学校办学自主权的关键。

如何实现教育行政专业化

让任何一个社会组织做最该做的、最擅长做的事，是最有效率的。否则，是社会分工不细致、专业化程度不高的表现，说明社会仍然处于发展的较低级阶段。"做该做的"是专业化的前提。从某种意义上讲，把该做的做好就是专业化。做不该做的，做得再好，也是不务正业。教育行政机构的正业是什么？到底该做什么？并不是所有的教育行政机构和教育行政人员都清楚。不知何为正业，怎能务正业？又怎能走向专业化？教育行政职能的转变确立了教育行政机构"应该务哪些正业"，确定了教育行政专业化的基本方向和发展领域。

教育行政专业化的关键是教育行政从业者即教育行政人员的专业化。教育行政中出现的种种问题，与人员素质低有密切关系。教育发展的水平和质量取决于三支队伍的水平和质量：教师队伍、校长队伍、教育行政队伍。相对而言，人们对教师专业化和校长专业化给予了很多关注，而对教育行政人员专业化的关注明显不够。实际上，教育行政人员对教育改革和发展的影响更大也更关键。如果说一个教师影响一个课堂、一个校长影响一所学校，一个教育局局长则影响一个区域。从逻辑上讲，教育局局长应该比校长和教师更懂教育，这样才能对学校发展和教育教学进行有效的指导，才不会搞"瞎指挥"。但现实却是，由于没有法定的、严格的资格要求，不少人没有教育教学和教育管理经验也能成为教育行政干部，出现了为数不少的"外行领导内行"的现象。

教育行政职能转变对教育行政人员的专业素质提出了更高的要求，也对传统的教育干部人事制度提出了严峻的挑战。教育行政人员的专业化必须有相应的制度保障，必须在改革传统干部人事制度的同时建立新的教育干部人事制度。

在教育干部人事制度改革中，教育行政人员的职责制度、资格制度、培训制度、考核评估制度对促进教育行政人员的专业化具有重要意义，应受到高度关注。

职责制度的建立有助于教育行政人员明确自己的职业定位，形成自己的专业角色意识。这是教育行政人员专业化的前提条件。由于教育行政职能转变的滞后，很多教育行政人员并不清楚自己的"正业"是什么。职责制度的建立应该与行政职能的转变同时进行，两者在本质上是一致的。

资格制度的核心是资格证书制度。教育行政人员资格制度是国家对教育行政人员规定的职业准入制度，它规定从业人员为能胜任工作所必须具备的知识、技能、经历（如一定年限的教学经历或者学校管理经历），以及学位、学历、职称等方面的资格要求，它是人们获得教育行政人员工作岗位的法定前提条件。建立资格制度是教育行政干部人事制度改革的关键，对于解决"外行领导内行"问题至关重要。资格制度可以从"入口"上把好关，不让"外行"进入教育行政队伍，尤其是不让"外行"成为教育行政机构的主要领导。

教育行政人员培训是教育行政人员专业教育的重要组成部分，包括入职培训和在职（职后）培训两种基本形式。入职培训的职能是使从业者全面了解职业领域内容，掌握从业知识和技能，建立正确的职业观念。当前，对教育行政人员培训数量不足、培训质量不高已经成为制约人员专业化的重要因素。

教育行政人员考核评估制度是促进教育行政人员专业发展的重要制度。考核评估以教育行政人员的工作目标和工作职责为依据，对教育行政人员的实际工作绩效进行评定。考核评估有助于教育行政人员明确自己的优点和不足，及时调整自己的专业理念及专业行为，明确专业发展目标，以不断提升自己的专业水准，促进自身专业发展。

（原文发表于《人民教育》2005 年第 21 期）

教育行政权力也需合理扩张

在教育行政改革的大势下，提倡放权是大势所趋。那么，如果同时主张教育行政权力的扩张，是不是冒天下之大不韪，是不是逆世界教育改革潮流而动呢？

我以为不然。因为笼统、抽象地谈论分权与集权没有什么意义，分权与集权怎样在不同层级政府间组合、如何在政府与学校间组合才最有效力，要根据不同国家甚至不同区域的具体情况确定。更为重要的，是要明确政府公共权力的配置与使用应该服务于教育目的，应该有助于提高教育质量、促进教育公平。

在我国这样一个发展中国家，由于长期计划体制导致的学校自主管理、自主发展能力较弱，由于市场、第三部门发育相对不成熟，政府就更加需要发挥在多方治理中的主导作用。然而，我国各级教育行政机关拥有的行政权力是否能够满足教育行政职能转变的要求，又能否有效解决本辖区内的重大教育问题呢？答案否定的。不论在横向上还是在纵向上，教育行政权力都需要适度扩张。

从行政权力的横向配置上，需要加强各级教育行政机关的行政权力。各级政府的教育行政机关有"事权"，但没有充分的"财权"和"人（事）权"，财权掌控在财政部门手中，人事权力比如一些地区教师的招聘权掌握在人事部门手中，因此，教育行政权力是一种残缺不全的权力。在我看来，教育立法和其他立法有必要根据教育发展的客观需要，适度扩充教育行政权力，以解决教育领域中的一些老大难问题。

从教育行政权力的纵向配置上，在推进简政放权的同时，应该同时加大教育行政权力在某些管理事务上"合理扩张"即向上集权的力度，尤其是要加大中央政府和省级政府统筹教育发展与改革的力度。

20世纪70年代末在世界范围内兴起的政府向学校"放权"、鼓励家长和学生"择校"的市场化教育改革，绝不是简单的放权。教育事关国家战略的实现，一个负责任的国家不会对教育放任自流。放权的同时往往意味着高层级政府对于某些行政职能的集权，意味着某些权力的保留，还意味着放权后对于学校问责的强化。集权的主要方式就是对于课程和学业标准的控制。尽管给学校下放了财政权和管理权，但是，通过颁布国家课程标准与学业标准大大加强了政府对于整个教育以及单个学校的控制。尽管许多职责从国家或者地方政府转移，但政府的总体作用并没有明显减弱。

放权、集权、问责制共同构成教育行政改革的全景图，展现出中央政府、地方政府和学校之间权责划分的结构性、立体化调整。对我国来说，某些教育行政职能的集权以及教育问责制的健全都势在必行。我国在教育行政管理上素有集权的传统，集权所带来的弊端也显而易见，因而在教育行政改革中某些教育事务的分权是大势所趋，但某些教育事务的集权也迫在眉睫。集权既意味着收权，也意味着承担更多的责任。分权有时容易成为政府下移和转嫁责任的借口。政府通过分权或者打着分权的旗号逃避责任，是中外教育改革中都出现过的现象。

政府尤其是高层级政府应该履行自己所承担的责任，在我国更应如此。该管的须管好，不该管的坚决"放权"，是政府教育行政职能转变的基本要求。政府应当成为教育体系的构建者、教育条件的保障者、教育服务的提供者、教育公平的维护者、教育标准的制定者和教育质量的监管者。

　　未来，政府主导的教育发展与改革模式还会持续下去。教育中的分权、择校、集权与问责等改革都是在政府主导下推进的，不论是中央集权制国家还是分权制国家概莫能外。教育改革的主动权，始终掌握在政府尤其是中央政府手中。

（原文发表于《中国教育报》2014 年 4 月 14 日第 2 版）

地方教育制度创新及其重心

教育制度有不同的层级，有国家的、地方的、学校的。我国幅员辽阔，各地差异很大，国家层面的制度往往难以顾及区域差异，因此，地方教育制度及其创新就显得尤其重要，可以因地制宜解决区域教育的实际问题，可以影响区域内学校的整体发展，甚至可以为国家层面的教育制度变革打前站，先行先试。

何为教育制度？教育制度是指各级各类教育主体之间的权责关系，对于区域教育制度而言，关键是政府与学校、与教师、与学生、与家长等的权责关系。只有理顺这些关系，才能调动各方的积极性、主动性、创造性，教育才能有生机与活力。现在区域教育管理中存在的突出问题是：政府对学校管得过多，学校自主权不够；学校对教师和学生管得过多，教师工作和学生学习的自主性严重不足；政府对于学校内涵发展、对于如何解决"学校对师生管得过多"这个问题的有效干预不够，对于学生和教师的生存发展状况关注不够。

何为创新？每次听到"创新"一词，我总是很警觉：到底是真的还是假的？看看各地花样翻新的各种创新，往往是真的少，假的多。有的是新瓶装旧酒，有的甚至是旧瓶装旧酒，只是在旧瓶子上贴了一个新标签。创新包括两个基本要素：一是新颖，二是有用。

有用尤为重要，有用意味着能解决现实问题，能让学生发展得更好、教师教得更好、学校办得更好。许多改革与制度创新流于表面化，新颖好看但不中用，不能解决最为核心的教育问题。

地方教育制度创新不能表面化，要紧紧围绕教育的基本问题即"培养什么人""怎样培养人"展开，不能脱离培养人而奢谈教育制度创新。

学生发展得更好是衡量区域教育制度创新成效的根本标准。此处的"学生发展得更好"，不仅仅是会刷题、会考试、考得好，而且包含更广泛更深刻的内容。（1）从结果看，学生得到了全面发展与个性发展，学生有聪明的脑、温暖的心、健康的身，并且学生的兴趣爱好得到了充分的满足，学生的潜能得到了充分的挖掘。这样，学生才有后劲，才能一生受益，才能可持续发展。（2）从过程看，学生能够主动发展，学生的整个学习过程是主动的、积极的，是有内在动力的而不是受外部强制的。这就要求师生摒弃满堂灌、死记硬背、题海战术等陈旧的教与学方式，运用探究式、参与式、讨论式等教学方式。

区域教育制度创新中最核心的制度是关于学生培养目标、学生培养过程、学生素质评价的制度，如果偏离了学生发展的正确方向去谈制度创新、离开了学生发展的过程与课堂教学改革去谈制度创新，那么不论讲得多么天花乱坠，都没有实质意义。

区域教育制度创新要"以学生为中心"，把学生受益与否、受益多少作为衡量制度创新成效的根本尺度。这个要求是人道主义的要求，是规则背后的制度伦理与价值观念，是对制度创新的"效能"要求。在制度成效的评价中，效能比秩序、效率更为重要。但是人们往往更为强调秩序与效率，在行政管理、学校管理甚至班级管理中，往往都是用制度来约束人以维护秩序、提高效率，而不是解放人与发展人。

区域教育制度创新最重要的价值追求是人道主义精神，当下最重要的使命是"救救孩子"。呼吁救救孩子,绝不是危言耸听,而是雪中送炭。要想更人道地对待孩子,当下的区域教育制度创新要在以下几个方面多做文章。

第一,不要让孩子在学校受到伤害甚至有生命危险。至少要保证这样几点:(1)学校设施安全,管理到位,防止出现人身伤害事故;(2)学校教育到位,管理细致,防止学生间出现欺凌现象,不使任何学生身心受到伤害;(3)教师尊重学生,不体罚学生,不侮辱学生人格,不因私利而打击报复学生,尤其是不要因为教师侮辱、体罚学生而使学生伤残甚至死亡。

第二,不要让孩子负担过重。不要让孩子成为考试机器。要通过改善教学方式,减负增效,让孩子有时间锻炼身体、满足个人兴趣、参与社会实践。过重的课业负担,不符合孩子的根本利益与长远利益。要提高教师的教学能力,让孩子学得好、学得轻松。

第三,要让孩子感受到学校生活的美好,让孩子喜欢学校。学校要提供丰富多彩的必修课程与选修课程、兴趣小组、课外活动等供学生选择,满足学生的兴趣爱好。师生关系要民主平等,教师要尊重学生的人格尊严,为学生提供一个自由宽松的学习氛围,让学生的思维得到解放,让学生的创新潜力得到释放。学校要让学生参与学校管理,鼓励学生就学校发展、班级建设、课程与教学改革提出意见和建议。

第四,要让孩子得到全面发展、个性发展、可持续发展,让孩子在校几年,受益一生。

第五,要让孩子受到公平的对待,不侵害学生的受教育权利。不歧视贫困学生、残障学生。政府要制定严格的学籍管理、中高考管理制度,防止弱势学生的受教育机会被冒名顶替,让人生被偷走的"苟晶式悲剧"不再发生。

区域教育制度创新要抓住重点,要紧紧围绕学生发展的结果与过程开展制度建设,把刚性制度与人道精神融为一体,为制度创新涂上人道主义的底色。关于教师队伍建设、校长队伍建设、教育经费投入、学校督导评价、学校办学自主权、集团化办学与学区化、校园环境升级改造、教育结构布局调整等等方面的制度建设，都要与学生、与课堂挂起钩来，都要以学生最后能获益多少作为其效果大小的衡量标准。

（原文发表于《中小学管理》2020 年第 7 期）

把简政放权进行到底：
基础教育行政管理 70 年简评

人到七十古来稀，国到七十正青春。时光流过七十年，新中国的成就令世人瞩目，让国人自豪。其中，基础教育的发展成就举世公认，诸多因素的共同作用促成了这些成就，但其中政府的行政管理居功至伟。因为政府主导是我国发展的基本模式，如果没有政府的积极主动作为，尤其是没有改革开放以来政府的诸多大手笔大动作，那么普及九年义务教育难以完全实现，城乡教育均衡发展与教育扶贫脱贫难以大力推进，覆盖各级各类教育的家庭经济困难学生资助体系难以很快建立。不管学术界和实践领域对于基础教育行政管理有多少批评甚至诟病，在新中国 70 华诞的金秋十月，我们都应该充分肯定基础教育行政管理的丰功伟绩，都应该真心感谢 70 年来在教育行政部门工作的每一个人所做出的积极贡献。在讨论政府与学校关系的时候，有人常常把政府妖魔化、把学校理想化，这是不公正的，也是不客观的。

70 年基础教育行政管理历时长、内容多，对其进行全面评价并不容易。笔者曾于 2009 年发表过《漫漫现代路：我国基础教育管理 60 年简评》一文，从为什么管、谁来管、管什么和怎么管几个方面梳理史实，描述我国基础教育管理 60 年的发展历程，并在此基础上，运用现代管理的标准即科学化、民主化和法治化对其进行了简要评价。2018 年即改革开放 40 周年之际，笔者又在《中小学管理》上发表了《我国基础教育行政改革 40 年回顾与未来展望》一文，从教育秩序、教育效率、教育公平与教育效能等教育行政价值追求的视角，按历史分期总结了教育行政改革史，并在明确现实问题的基础上，对于未来的教育行政管理改革提出了四点建议。现在看来，把这两篇文章叠加在一起，或者放在一起看，其实就是我国的"基础教育管理 70 年简评"。

因此，本文的这个 70 年简评，不想全面铺开、面面俱到，只想关注 70 年来教育行政改革中的一个老大难问题，也是一直以来中小学校长们反映最为强烈的一个问题，即"简政放权"问题。这个问题，实质上是政府与学校的关系问题。之所以称之为老大难问题，原因就在于"一收就死""一放就乱"，很难找到一个恰当的平衡点，总体而言是管得过多过死，而且管得过多过死的问题长期以来又得不到有效解决。

基础教育简政放权简史

1949 年新中国成立后，我国建立了中央集权的教育管理体制，强调中央政府统一领导，地方政府和学校权限很小，这种做法对于建立新的教育秩序很有必要，但是统得过死的弊端也逐渐凸显。1958 年，中共中央、国务院发布《关于教育事业管理权力下放问题的规定》，要求加强地方对教育事业的领导管理，给了地方较大的弹性与空间，结果就又出现了"一放就乱"的问题。为解决混乱问题，1963 年，中共中央同时颁发《全日制中学暂行工作条例（草案）》和《全日制小学暂行工作条例（草案）》，规定小学由区县管理，中学由省、市、县分级管理，教育教学秩序得以稳定下来。1966 年"文化大革命"开始后，全国教育陷入无序状态。"文化大革命"结束后，以上述两个条例为基础，教育部于 1978 年颁布了《全日制中学暂行工作条例（试行草案）》《全日制小学暂行工作条例（试行草案）》，我国全面恢复了教育教学秩序。但是不久就发现，计划管理体制的弊端愈益明显，需要进一步改革。

1985 年颁布的《中共中央关于教育体制改革的决定》确定了改革的总基调，即中央向地方放权，政府向学校放权，要求实行基础教育"地方负责、分级管理"的原则，充分调动了包括县乡在内的地方兴办基础教育的积极性。但是政府向学校放权的问题，尤其是地方政府向中小学放权的问题并没有得到较好解决。1993 年下发的《中国教育改革和发展纲要》要求进一步完善地方负责、分级管理的体制。1994 年下发的《关于〈中国教育改革和发展纲要〉的实施意见》要求"政府要切实转变职能，改善对学校的宏观管理""属于学校的权限，坚决下放给学校"。2001 年国务院在《关于基础教育改革与发展的决定》中，确立了义务教育"地方政府负责、分级管理、以县为主"的体制。上述基础教育管理体制改革，在解决中央和地方、地方各级政府之间的权责合理划分方面取得了显著成效，但是在政府向学校放权方面，进展并不大。

针对政府对学校管得过多过细的问题，2010 年颁布的《国家中长期教育改革和发展规划纲要（2010—2020 年）》要求建立现代学校制度，构建政府、学校、社会之间新型关系，要求"落实和扩大学校办学自主权""推进政校分开、管办分离""明确政府管理权限和职责，明确各级各类学校办学权利和责任""政府及其部门要树立服务意识，改进管理方式，……依法保障学校充分行使办学自主权和承担相应责任"。2013 年党的十八届三中全会对治理现代化做出了全面部署，对于教育行政改革也提出了明确要求：深入推进管办评分离，扩大省级政府教育统筹权和学校办学自主权，完善学校内部治理结构。上述要求概括起来，就是现在常说的"管办评分离""放管服结合"，核心是落实学校的办学自主权。但就实际效果看，"管办评分离"做得相对较好，"放管服结合"做得不尽如人意，政府对于学校的管理依然过多过细，但是对于学校的放权和服务做得非常不够。

回顾 70 年，我们可以发现，在基础教育行政管理中，中央政府向地方政府的简政放权做得比较好，成效显著；但是，地方政府向学校的简政放权做得不够好，成效不大甚至成效甚微。要"把简政放权进行到底"，必须重点推进教育行政职能转变，落实学校的办学自主权。简言之，在宏观管理体制基本建立健全的背景下，基础教育行政管理改革必然"向微观层面深化"，深化的具体要求就是通过简政放权"优化"政府与学校的关系。

简政放权的必要性与挑战性

政府对学校进行管理天经地义，但天经地义也不能漫无边际。为什么非要简政放权、非要让学校拥有办学自主权？

其一，简政放权可以有效解决信息不对称问题，提高管理效率，使得决策更加科学。在区域范围内，校与校之间有较大差异，不仅城乡之间学校有差异，城市内部优质校与薄弱校之间有较大差异，即便发展水平相近的学校之间也有很大差异，教育行政部门对于这些差异以及学校微观层面的新情况新问题等未必十分清楚，如果管得过多过细，那么必然导致决策失误、政策失灵、效率低下。让学校拥有办学自主权，就是让最了解自己情况的学校在一些事务上拥有自主决策权，能自己说了算，这样既可以提高效率，也可以提升管理的科学化理性化水平，更快更好地促进学生的发展。

其二，简政放权可以让教育行政部门为所当为，解决政府的缺位、越位与错位问题，甚至还有利于解决可能存在的腐败问题。政府在对学校的管理中，往往管了不该管的事，而该管的事又没有管好，导致政府角色偏离本行、偏离主业，也使自身负担过重。更有甚者，有些行政部门和地方热衷于行使权力，承担责任却不足，而且出现了行政管理机关权力部门化、部门权力利益化、不当利益合法化的非正常现象，进而导致滥用权力、权钱交易、以权谋私、以权寻租等消极腐败问题，损害了教育行政管理部门的公共形象。①简政放权有利于解决上述问题。

其三，简政放权可以释放学校的办学活力，提高校长的进取心与责任感。政府对学校管得过多过细，会导致学校逐渐丧失自主发展动力、能力与办学活力，造成对政府的过分依赖。政府对学校的过度干预，会让校长感觉自己只是一个消极被动的执行者，而不是一个可以有所作为的创造者，会使他们的进取心消减和社会责任感萎缩。

综上可见，政府简政并给学校放权，好处多多。既然如此，为什么还是难以进行到底？就基层的、与中小学直接打交道的区县教育行政部门而言，有外部原因也有内部原因。外部原因主要是上级（包括上级教育行政部门以及上级其他政府部门）对于区县教育行政部门提出了刚性要求，如各种各样的评估检查要求，区县教育行政部门不得不执行，基层教育局局长也是忙于开各种各样的会议、迎接各种各样的检查，这些要求与压力最后必然传导到学校，导致对于学校的过度干预。内部原因可能有几个：（1）因袭过去所习惯的传统行政模式，懒于改变；（2）专业化程度不高，不清楚教育行政管理改革尤其是简政放权的要求与做法，不知道怎么改；（3）出于对部门利益与个人利益的考量，不愿意放权；（4）教育行政部门的二级机构即各个科室在工作业绩上存在竞争关系，机构负责人在晋升上也存在竞争关系，而这些政绩往往要通过对学校开展工作才能获取，结果就出现对于学校工作的过度干预甚至干扰。

推进简政放权的策略

首先，明确政府与学校的权责边界，并拉出教育行政管理清

---

① 褚宏启. 政府与学校的关系重构 [J]. 教育科学研究，2005（1）：41-45.

单。政府对教育承担的管理职能应有限，应与政府所拥有的资源和能力相对应。政府"管不了""不该管"的职能都应该被列入政府"不为"之列；对"该管"而没有管或者没有管好的职能，应予以强化，而不应下放给学校。因此简政放权要点有二。（1）放弃"不该管"的职能。"不该管"的职能是指属于学校自主办学权的职能，这些职能要坚决下放给学校。例如：学校内部一些具体的人事安排，如中层干部使用、职称评聘、报酬待遇等，应让学校有更多的权限。（2）强化"该管"的职能。这些职能包括对教育规模、结构、布局等方面进行宏观调控；制定教育政策和法规，制定有效的制度并承担制度推行的责任；制定各类学校设置标准和质量标准；制定教育发展规划；通过公共财政分担学校的教育成本，并通过转移支付促进教育公平；建立支持教育改革发展的服务体系；组织对各类学校教育质量进行检查评估等。① 总之，总体要求是抓大放小、抓两头（制定标准与督导评价）放中间（过程）。教育行政部门主要管好方向、速度、结构、质量、数量，做好统筹规划、政策引导、组织协调、监督检查、提供服务等工作。

　　只有上述原则性的要求还不够，要把简政放权落到实处，必须列出明确的清单。《中国教育现代化2035》明确要求建立健全教育行政管理清单制度。每一个教育行政部门都要明确列出其职能清单，并同时列出学校自主权的清单，列出之后两方均必须严格执行，不得逾越。

　　其次，提供良好的外部与内部条件，促进教育行政管理方式的转变。就外部而言，积极推进整个政府领域的简政放权与职能转变，为教育行政部门减轻外部压力。就内部而言，通过教育培训与评价考核等多种手段，提高教育行政人员的专业化水平，改变他们习以为常的传统行政模式，教给他们简政放权的具体要求与方法，

---

① 褚宏启. 政府与学校的关系重构 [J]. 教育科学研究, 2005 (1): 41-45.

并对违反简政放权要求的行为予以问责与惩处。引导并要求教育行政人员转变管理方式，由原来对学校具体办学活动进行直接干预和微观管理，转变为运用政策、拨款等手段进行间接干预和宏观管理；由人治型管理转变为法治型管理，减少随意性和情绪化，依法规范学校办学行为；由控制型管理转变为服务型管理，为学校提供咨询及信息服务。只有这样，才能真正做到"放管服结合"。

最后，政府的简政放权应该与学校的"二次分权"相结合，完善学校内部治理结构，推进教育治理现代化。政府简政放权后，也可能会出现下述情形：校长把下放的权力截留了，没有进一步下放给教师、学生和家长，校长的权力更加集中了，在管理中更加独断专行。因此，学校需要"二次放权"，把政府下放的权力再进一步下放给教师、学生和家长，建立健全教师、学生、家长参与学校管理的制度。

什么才是真正的"把简政放权进行到底"？只是中央放权给地方是不够的，还需要政府放权给学校，这是过去改革的难点，也是未来改革的重点。同时，只是政府放权给学校也是不够的，真正的"把简政放权进行到底"，是把政府下放给学校的权力进一步下放给教师、学生和家长，这样才能真正焕发课堂的生机与活力，才能激发学生、教师和家长的积极性主动性创造性。

（原文发表于《中小学管理》2019 年第 10 期）

我国基础教育行政改革40年
回顾与未来展望

改革开放40年，中国基础教育取得了历史性成就。这些成就是在"政府主导"下取得的，教育行政为此做出了卓越贡献。教育管理包括政府教育行政和学校管理两个层面，两者具有不对等性，教育行政处于优势地位，学校管理受制于教育行政。因此，推进教育管理改革，推进教育管理现代化，关键是推进教育行政改革。

教育行政追求的是教育秩序、教育效率、教育公平与教育效能等价值。效能意味着质量，是教育目标的达成度与实现度。这些价值追求都很重要，不可偏废，关键是要保持适度的平衡。在过去40年的改革中，在不同的阶段，因应当时的社会条件与教育基础，我国基础教育行政所追求的价值侧重点有所不同，经历过许多波折和探索，也面临诸多机遇和挑战，未来还需要进一步深化改革。

我国基础教育行政改革40年回顾

改革开放40年来，我国基础教育行政改革经历了五个阶段。

第一阶段：恢复和重建教育秩序阶段（1978—1984年）

"文化大革命"期间的教育混乱不堪，国家恢复教育秩序实际上从 1977 年国务院发文宣布当年恢复高考就开始了。教育部以"文化大革命"前 17 年的教育制度为范本，于 1978 年颁布《全日制小学暂行工作条例（试行草案）》《全日制中学暂行工作条例（试行草案）》《全国重点高等学校暂行工作条例（试行草案）》。在这些文件的规范下，大中小学教育秩序逐渐全面恢复。

本阶段改革的关键词是"秩序"。

第二阶段：改革计划管理体制阶段（1985—1992 年）

教育秩序的恢复，提高了教育效率，但是这种效率是计划体制的效率，是有限的效率。随着教育的进一步发展，计划体制的弊端逐渐凸显，教育行政管理亟待改革。1985 年颁布的《中共中央关于教育体制改革的决定》明确指出，在教育事业管理权限的划分上，政府有关部门对学校"统得过死，使学校缺乏应有的活力；而政府应该加以管理的事情，又没有很好地管起来"；要求实行基础教育由地方负责、分级管理的原则，提出："基础教育管理权属于地方。除大政方针和宏观规划由中央决定外，具体政策、制度、计划的制定和实施，以及对学校的领导、管理和检查，责任和权力都交给地方。"本阶段的改革打破了原来的以计划为主的教育体制，建立了新的教育秩序，提高了教育效率。

本阶段改革的关键词是"效率"。

第三阶段：深化管理体制改革阶段（1993—2002 年）

1993 年，中共中央和国务院下发《中国教育改革和发展纲要》，进一步深化行政改革，力求建立与社会主义市场经济体制相适应的教育体制，市场因素进一步介入体制改革中。在基础教育管理体制改革方面，上一阶段所确立的"地方负责、分级管理"的体制，在扩大了县乡义务教育管理权限的同时，也使得沉重的经费负担落到乡镇政府和农民身上。本阶段基础教育管理体制改革的重要任务就是解决政府缺位问题，在"地方负责、分级管理"体制的基础上进一步提出了"以县为主"的管理体制，强调县级政府在组织义务教育的实施方面负有主要责任，包括统筹管理教育经费，调配和管理中小学校长、教师，指导中小学教育教学工作等。

本阶段改革的关键词还是"效率"。

第四阶段：科学发展观指导下的教育行政改革阶段（2003—2012 年）

前两个阶段的教育行政改革的关键词都是"效率"，这与各级各类教育规模扩张后，政府财力不足以及政府对于教育投入不够有密切关系，教育行政改革的核心目标是解决教育投入问题。这种改革从总体上缓解了教育资源紧缺的状况。但是，教育公平与教育质量问题没有得到应有的关注。2003 年，党的十六届三中全会确立了科学发展观的指导思想，促进教育公平和提高教育质量成为本阶段教育改革与发展的两个核心目标。促进公平的重点在于加强农村教育。国务院先后出台《关于进一步加强农村教育工作的决定》《关于深化农村义务教育经费保障机制改革的通知》，确立了农村义务教育经费保障新机制。本阶段，"有学上"的问题得到基本解决，但是解决"上好学"的问题依然面临严峻挑战。2010 年颁布的《国家中长期教育改革和发展规划纲要（2010—2020 年）》把提高质量、促进公平作为教育改革与发展的双重目标，教育质量问题依然严峻。

本阶段改革的关键词是"公平"。

第五阶段：走向教育治理阶段（2013 年至今）

本文没有把本阶段的起始点定为 2010 年《国家中长期教育改革和发展规划纲要（2010—2020 年）》颁布之时，原因在于 2013 年又有一个重要的"三中全会"召开，即党的十八届三中全会召开，这次会议要求全面深化改革，完善和发展中国特色社会主义制度，推进国家治理体系和治理能力现代化，对治理现代化做出了全面部署。笔者认为，就包括教育行政改革在内的我国行政改革而言，这次全会是一个分水岭，意义重大。党的十八届三中全会对于教育行政改革提出了明确要求：深入推进管办评分离，扩大省级政府教育统筹权和学校办学自主权，完善学校内部治理结构；强化国家教育督导，委托社会组织开展教育评估监测。治理现代化只是手段，其目的是提升教育质量、促进教育公平。本阶段更加关注教育发展不平衡、不充分的问题，一手抓教育脱贫攻坚，一手抓教育质量提升，两手都要抓，两手都要硬，不能偏废。

本阶段改革的关键词是"公平"与"效能"（质量）。

综上，经过 40 年的改革，我国教育行政服务教育发展的能力不断增强，其价值追求也不断升级。

我国基础教育行政改革面临的挑战与现存的问题

2018 年 9 月全国教育大会召开，要求加快推进教育现代化，而基础教育的现代化对其他各级各类教育的现代化发挥着先导性和基础性作用。基础教育行政现代化是基础教育现代化的组成部分，对于推进基础教育其他维度的现代化具有至关重要的作用。

当前基础教育现代化的关键问题，依然是公平与质量问题。区域之间、城乡之间、学校之间、群体之间的教育差距依然存在，教育脱贫攻坚的任务依然艰巨，教育公平问题亟待解决。教育公平问题的本质是教育质量问题，严格讲是教育质量差距问题。随着我国社会发展水平的提升和人民群众生活质量的改善，人民群众对于优质教育的需求更为强劲，低水平的"有学上"已经不能满足需求。更为重要的是，教育不仅是民生之首，更是国计之先，对于国家现代化进而中华民族伟大复兴具有先导性的支撑作用。建设现代化强国、参与国际竞争，都要求提升教育质量。因此，提升基础教育质量，就成为基础教育行政改革面临的主要任务。当前和今后的基础教育行政改革，要围绕提升教育质量、缩小教育质量差距展开。这就意味着，今后基础教育行政改革的价值追求，其核心是"效能"，当然，秩序、效率、公平都很重要，依然需要加强，但是如果失去了效能或者质量，"没有教育质量"的教育秩序、教育效率和教育公平是不能满足民生诉求和国家发展要求的。

政府的公共权力必须为基础教育的发展把握正确的方向，培养有国际竞争力的时代新人，培养德智体美劳全面发展的人。而当前在基础教育领域存在的突出问题是：许多地区和学校的"实际目标"以培养学生的"应试能力"为核心，学生片面发展严重，缺乏甚至没有国际竞争力。从20世纪90年代末开始，许多国际组织和国家纷纷颁布核心素养框架，这是世界范围内的教育目标的"升级运动"，是国际经济竞争、军事竞争在教育领域的集中反映。21世纪的中国基础教育现代化应该重点促进创新能力、批判性思维、公民素养、合作与交流能力、自主发展能力、信息素养等核心素养的培育。其中，创新能力最为重要，是核心素养的核心。我国基础教育需要实现工作重心的转移，由"分数挂帅"转向"创新为王"。教育行政不能为"应试教育"推波助澜，而应该为核心素养的培育尤其是创新能力的培养提供有力支持。

我国基础教育过去有两种发展模式：一是"外延扩张"，二是"政府主导"。这两种模式有内在联系，政府一声令下，外延扩张比较容易实现。但是，当前中国的教育发展已经进入"内涵发展""质量提升"的新阶段，而作为一个具有集权制行政传统的发展中国家，我国"政府主导"的教育发展模式依然会继续下去，那么，"政府主导"模式与"内涵发展"模式能够兼容吗？显然，过去粗放的"政府主导"发展模式与精耕细作的"内涵发展"模式是很难兼容的。因此，需要改变过去的"政府主导"模式，解决当前教育行政管理存在的一些突出问题。

这些突出问题主要表现在：政府在教育管理中越位、缺位和错位严重，政府对学校管得过多过死，学校办学活力不足，利益相关者参与管理不够，教育决策的科学化、民主化不够等。这些问题不解决，学校办学的自主性、专业性就难以得到保障，教育的"内涵发展"就难以实现。

要解决这些问题，必须进一步深化教育行政改革，推进教育行政的现代化。

我国基础教育行政改革的未来走向

在推进教育现代化的大背景下，我国基础教育行政改革的未来走向就是教育行政现代化，主要包括教育行政的科学化、民主化、法治化、专业化四个方面。

第一，教育行政的科学化。要求教育行政遵循教育规律，树立正确的人才观、质量观、政绩观，根据 21 世纪我国现代化建设的客观要求，基于学生全面发展和立德树人的根本要求，依据学生核心素养框架的要求，建立健全教育质量标准体系和保障体系，明确并完善各级各类学校的培养目标、课程标准，健全学生发展评价标准，改革考试招生制度，共同推动教育在正确的方向上发展。教育行政科学化要求加强对于行政权力的智力支持，要求加强各层级的教育研究。当前一些地区的教育行政运作缺少智力支持，所有地区都设有研究微观课堂的教研室，但是许多地区没有研究区域教育、教育行政、学校管理的研究机构，这种局面需要改变。

第二，教育行政的民主化。教育行政民主化就是由单一主体的政府管理走向多元参与的教育治理，除国家机关外，社会组织、利益群体和公民个体通过一定的制度安排进行合作互动，共同管理教育公共事务。治理的典型特征是多元主体共同参与，即"共治"。共治意味着简政放权、管办评分离、放管服结合，意味着政府与社会、学校合理分权，把原先由政府独立承担的一些责任转移给社会和学校，变强势政府对学校的单边管理为政府、社区（家长）共同参与的多边管理和共同治理，旨在形成政府宏观管理、学校自主办学、社会广泛参与的格局，更好地激发每个学校的活力，更好地发挥全社会的作用。教育行政民主化有助于了解民意、集聚民智，是教育行政科学化的保障。当前，政府部门针对学校的各种各样的检查过多，是教育行政民主化不够的表现，严重影响学校正常的教育教学秩序，亟待压缩精简。

第三，教育行政的法治化。法治与人治相对，即通过法律手段和制度手段对教育进行管理。法治化反对教育行政中的随意性和情绪化，反对有权就任性，能保障教育秩序和教育效率，使教育活动有序开展、高效开展。教育行政法治化是教育行政科学化、民主化的制度保障。教育行政法治化包括四个方面，即有法可依、有法必依、执法必严、违法必究。改革开放 40 年来，我国基础教育领域的法治化发展迅速，但是依然不能满足教育发展需求，基础教育领域的高中教育立法、学前教育立法亟待加强，简政放权、民主管理等急需法治保障。

第四，教育行政的专业化。教育行政的专业化从字面上看，是指教育行政这种职业活动的专业化；从本质上看，是指教育行政工作者专业知识、专业能力、专业精神等方面的专业化。专业化是社会职业发展的重要趋势。现在只谈教师专业化和校长专业化是不够的，教育行政人员特别是教育局局长的专业化也非常重要。由于没有法定的、严格的资格要求，不少人没有教育教学和教育管理经验也能成为教育行政干部，出现了为数不少的"外行领导内行"的现象。国家有关部门今后需要在教育局局长的任职资格方面提出要求与限制。

基础教育行政的现代化即科学化、民主化、法治化、专业化，能带来教育秩序、提高教育效率、促进教育公平、提升教育效能，让基础教育更有活力、更有质量，为学生发展奠定坚实的行政基础。

（原文发表于《中小学管理》2018 年第 11 期）

漫漫现代路：
我国基础教育管理 60 年简评

　　在新中国成立 60 周年之际，我们有必要对基础教育管理的诸多情况进行回顾与反思。笔者将从为什么管、谁来管、管什么和怎么管几个方面，描述我国基础教育管理 60 年的发展历程，并在梳理史实的基础上，运用现代管理的标准对其进行简要评价。现代管理的本质是管理的科学化、民主化和法治化，即科学管理、民主管理、依法管理。本文中"基础教育管理"主要指各级政府对于普通中小学的行政管理。

管理目的：为什么管？

　　在国家宏观教育管理中，最重要的决策是确定教育目的，这是教育行政管理和教育政策制定的首要任务。我国基础教育要培养什么样的人？服务什么样的社会？60 年来，在科学、合理确定教育目的方面，我国经历了一个曲折的过程。

　　1949 年《中国人民政治协商会议共同纲领》明确规定了新中国教育的性质和任务：中华人民共和国的文化教育为新民主主义的，即民族的、科学的、大众的文化教育。人民政府的文化教育工作，应该以提高人民文化水平，培养国家建设人才，肃清封建的、买办的、法西斯主义的思想，发展为人民服务的思想为主要任务。这一规定确定了新中国教育的现代走向，但可惜持续时间不长。1952 年教育部颁发的《中学暂行规程（草案）》和《小学暂行规程（草案）》，都把"全面发展"作为教育目标。

1957 年毛泽东提出教育"应该使受教育者在德育、智育、体育几方面都得到发展，成为有社会主义觉悟的有文化的劳动者"。受此影响，1958 年中共中央、国务院明确提出："党的教育工作方针，是教育为无产阶级的政治服务，教育与生产劳动相结合。"这一教育方针对于 1978 年以前的中国基础教育产生了深刻的影响。在"以阶级斗争为纲"和"政治挂帅"的历史条件下，教育为政治服务就成为教育片面地为政治运动服务、为阶级斗争服务，教育丧失了自己的主体性和独立性。而在"教育与生产劳动相结合"的教育方针的指导下，生产劳动安排过多，不少学校不再以教学为主，而是以简单的体力劳动为主，正常的教学秩序被冲击，违背了教育的基本规律，使教育丧失了其应有的育人功能。[1] 例如：1959 年某小学开学两个月内应该有 52 天上课时间，但每个小学生差不多劳动了 41 个工作日，有的停课 37 天。"大跃进"时期和"文化大革命"期间教育上出现的问题，都与此相关。

"文化大革命"结束后，与此前片面强调教育的政治功能截然不同，教育服务于经济建设的功能被强化，这与党和国家工作重心的转移直接相关。1978 年，邓小平在全国教育工作会议上要求教育要更好地为社会主义建设服务；1985 年，《中共中央关于教育体制改革的决定》指出"教育必须为社会主义建设服务，社会主义建设必须依靠教育"；1993 年，《中国教育改革和发展纲要》指出："世界范围的经济竞争、综合国力竞争，实质上是科学技术的竞争

---

① 毛礼锐，沈灌群 . 中国教育通史：第六卷［M］. 济南：山东教育出版社，1989：137.

和民族素质的竞争。从这个意义上说，谁掌握了面向 21 世纪的教育，谁就能在 21 世纪的国际竞争中处于战略主动地位。"从教育为特定意义的"政治"服务到教育为经济建设、现代化建设服务，我国的教育目的发生了重大转向，使教育真正具有了面向现代化、面向世界、面向未来的情怀。

但无论是 1978 年以前的教育为政治服务还是 1978 年以后的教育为经济建设服务，所秉持的都是典型的"社会本位论"观念，看重的是教育的社会价值，而对于教育的"本体性价值"——促进人的全面发展的价值则关注不够。尽管 1993 年《中国教育改革和发展纲要》明确提出"中小学要由'应试教育'转向全面提高国民素质的轨道，面向全体学生，全面提高学生的思想道德、文化科学、劳动技能和身体心理素质，促进学生生动活泼地发展"，尽管 1999 年中共中央、国务院《关于深化教育改革全面推进素质教育的决定》把素质教育的要求拓展到各级各类教育，尽管 2001 年《基础教育课程改革纲要（试行）》颁行，作为实施素质教育关键环节的新课程改革启动，但教育的内涵发展并没有出现实质性突破。"应试教育"愈演愈烈，素质教育的推进举步维艰，尽管启动了新课改实验，且 2002 年秋季义务教育新课程建设进入全面实验阶段①，但基础教育新课改尚未在全国中小学全面展开。我国基础教育的发展方式急需转变，急需从数量扩张走向质量提升、内涵发展的轨道。

2003 年党的十六届三中全会确立了科学发展观，指出要"坚持统筹兼顾，坚持以人为本，树立全面、协调、可持续的发展观，促进经济社会和人的全面发展"。科学发展观成为 2003 年以来我国教育政策制定、教育改革与发展的根本性指导原则。教育政策的导

---

① 国家教育发展研究中心. 2002 年中国教育绿皮书：中国教育政策年度分析报告 [M]. 北京：教育科学出版社，2002：89.

向和重点都发生了重要变化，与以人为本、促进人的全面发展的理念相一致，人本主义、人道主义、民主主义精神成为教育政策的主导价值观，已往教育政策中的"社会本位论"色彩相对减弱和淡化。与此相应，人的发展的公平性、人的发展的质量成为新教育政策、新教育行政的两个核心问题，促进教育公平和提高教育质量成为教育改革与发展的两个核心目标。

在新的发展观的指导下，教育优先发展的战略思想在内涵上发生了微妙但重要的变化，不再仅仅强调教育为经济建设服务，而是同时强调教育要适应经济社会发展的全面需要，促进社会公平正义、构建和谐社会；不再仅仅强调教育促进经济社会发展的"工具性价值"，而是更加强调教育促进人的发展的"本体性价值"，更加强调为人民服务、让人民满意；不再过于强调某一类别教育在某一特定时期的重点发展，而是强调全面、协调、可持续的统筹发展，统筹城乡、区域教育，统筹各级各类教育，统筹教育发展的规模、结构、质量、效益。指导我国教育改革与发展的教育观念在科学、理性、人道方面达到了一个崭新的境界。科学发展观也是科学的管理观，科学发展观把我国基础教育管理的科学化带到一个新的发展高度，并为将来进一步推进政府层面和学校层面的科学管理奠定了坚实的思想基础。①

政治挂帅、经济挂帅、分数挂帅都是片面的，因而都是错误的。教育应该促进人的全面发展，促进社会全面进步。教育管理应该有一个社会理想，理想的社会应该是经济发达、政治民主、法制健全、文化多元的社会。基础教育管理不仅应该为物质文明、精神文明建设服务，还应该为政治文明建设服务，为建设民主政治服务。

---

① 褚宏启. 光荣与梦想：建立公平高效的教育新秩序：中国教育政策 30 年述评（1978—2008）[J]. 中国教育学刊，2008（10）：1-7.

管理体制与管理主体：谁来管？

与计划经济体制和中央集权政治体制相对应，新中国成立以后形成了中央集权的教育管理体制，"统一领导，分级管理"是其基本原则。虽然当时也谈"分级管理"，但其时的分级管理与改革开放后的分级管理大不相同，基本上是由中央政府和中央教育行政部门集中统一管理，地方政府和教育行政部门的管理权限有限，学校的办学自主权更是微乎其微。这种集中统一的管理体制在新中国成立初期对于恢复和建立正常的教育教学秩序、普遍提高教育质量、保证教育事业有计划按比例发展具有重要作用，但也的确存在集中过多、统得过死的弊病。

1958 年中共中央、国务院发布《关于教育事业管理权力下放问题的规定》，要求必须改革过去条条为主的管理体制，加强地方对教育事业的领导管理。同时还规定："过去国务院或教育部颁布的全国通用的教育规章、制度，地方可以结合当前工作发展情况，因地制宜、因事制宜地决定存、废、修订，或者另行制定适合于地方情况的制度。"但这次改革并不成功，陷入了"一放就乱"的怪圈，没有处理好中央与地方的权责划分，给了地方太多的弹性和空间，再加上"大跃进"时期的瞎指挥和浮夸风，教育发展陷入混乱状态。为规范中小学管理，1963 年中共中央同时颁发《全日制中学暂行工作条例（草案）》和《全日制小学暂行工作条例（草案）》，规定国家举办的全日制小学，由县（市属区）教育行政部门统一管理；国家举办的全日制中学实行省、市、县分级管理。由此，基础教育管理体制形成了统一领导、分级管理的基本格局。两个条例对于如何办好中小学做了具体而明确的规定，对于稳定教学秩序、提高教育质量发挥了积极作用。但好景不长，1966 年"文化大革命"开始后，两个条例被束之高阁，全国教育陷入无序状态。

"文化大革命"结束后，我国全面恢复教育事业的计划管理体制，教育部对 1963 年颁布的两个条例做了一些修改，并于 1978 年先后颁布了《全日制中学暂行工作条例（试行草案）》《全日制小学暂行工作条例（试行草案）》，对中小学管理提出了具体明确的要求，恢复了学校正常的教育教学管理秩序。相对于"文化大革命"期间的教育无序，计划管理体制的恢复给教育带来了秩序和效率，在当时无疑是有积极意义的，但随着教育的进一步发展，教育中计划管理体制的弊端愈益明显，亟待改革。

1985 年颁布的《中共中央关于教育体制改革的决定》拉开了全面改革教育体制的序幕，教育管理体制改革的基调是：中央向地方放权，政府向学校放权。该决定要求实行基础教育由地方负责、分级管理的原则，提出："基础教育管理权属于地方。除大政方针和宏观规划由中央决定外，具体政策、制度、计划的制定和实施，以及对学校的领导、管理和检查，责任和权力都交给地方。" 1986 年颁布的《中华人民共和国义务教育法》和 1992 年颁布的《中华人民共和国义务教育法实施细则》进一步明确了这一原则。

"地方负责、分级管理"的体制，充分调动了地方兴办基础教育的积极性，这使"普九"工作在政府投入不足的情况下取得了较快进展。但是，县乡义务教育管理权限的扩大，将沉重的经费负担下放给乡镇政府和农民，引发了政府教育投入责任的缺位问题。这一阶段基础教育管理体制改革的重要任务就是解决政府缺位问题，在"地方负责、分级管理"体制的基础上，政府进一步提出了"以县为主"的管理体制。1993 年下发的《中国教育改革和发展纲要》和 1994 年下发的《关于〈中国教育改革和发展纲要〉的实施意见》进一步明确了各级政府的责任，并突出了县级政府的责任。《中国教育改革和发展纲要》要求"改革包得过多、统得过死的体制，初步建立起与社会主义市场经济体制和政治体制、科技体制改革相适应的教育新体制"，要求"深化中等以下教育体制改革，继续完善分级办学、分级管理的体制""中等及中等以下教育，由地方政府在中央大政方针的指导下，实行统筹和管理"。《关于〈中国教育改革和发展纲要〉的实施意见》特别强调："县级政府在组织义务教育的实施方面负有主要责任，包括统筹管理教育经费，调配和管理中小学校长、教师，指导中小学教育教学工作等。乡级政府负责落实义务教育的具体工作，包括保障适龄儿童、少年按时入学。有条件的经济发展程度较高的地区，义务教育经费可仍由县、乡共管，充分发挥乡财政的作用。"它要求"政府要切实转变职能，改善对学校的宏观管理"，"属于学校的权限，坚决下放给学校"。2001 年国务院在《关于基础教育改革与发展的决定》中，确立了农村义务教育"实行在国务院领导下，由地方政府负责、分级管理、以县为主"的体制。此后，随着农村税费改革的进展，逐步撤销了乡级以下政府机构的义务教育管理权限和财政责任。新体制有效解决了"一收（收到县）就死，一放（放到乡）就乱"的怪圈问题，但依然需要进一步明确省级政府的职责，需要进一步调动乡级政府支持教育发展的积极性。至此，我国基础教育管理体制已经发育成熟。①

伴随着城市化进程中农村剩余劳动力向城市的转移，农民工子女的教育问题给教育管理提出了重大挑战。2003 年，国家六部委出台的《关于进一步做好进城务工就业农民子女义务教育工作的意见》提出了"两为主"（以流入地政府为主、以公办校为主）的原则。但实际上，"两为主"的规定，对于双方政府主次职责的划分并不明晰；二元户籍制度对于学籍管理制度的束缚有所松动，但不彻底，因为"两为主"的规定只涉及义务教育，它虽在一定程度上

---

① 褚宏启. 我国基础教育行政管理体制改革 30 年简评 [J]. 中小学管理，2008
（11）：4-8.

解决了农民子女义务教育的"入口"问题，却没有解决"出口"问题。

对基础教育的发展与管理，政府义不容辞要承担主要责任。60年来的经验教训表明，集权和分权相结合是适应我国国情的一种制度选择。我国基础教育管理体制的改革并不是仅用"集权"或者"分权"就可以简单概括的，而是中央政府与地方各级政府在管理权责上不断博弈，最后达到激励相容的一个复杂过程。

基础教育的管理仅靠政府是不够的，更多的权力应该下放到学校、市场、第三部门甚至个人。由于存在政府失灵与市场失灵的可能性，所以在基础教育发展中，单一依靠政府或者单一依靠市场皆有局限性。基础教育管理改革的基本方向是从"政府单边控制学校"的治理模式走向"政府主导下的多方共同治理"的模式，即变强势政府对学校的单方控制为政府、学校、市场、第三部门，以及教师、社区、家长、学生等共同参与的多方共同治理。

在多方共同治理的体制中，政府依然发挥主导作用，政府充当的是"元治理"的角色，它在社会管理网络中被视为"同辈中的长者"，虽不具有最高的绝对权威，却承担着确定教育发展方向、目标、标准的重任，为多方主体参与管理提供共同的行动目标和行为准则。我国长期实行计划体制，导致学校自主管理、自主发展能力较弱，而且，市场、社会和第三部门发育也不成熟，因此更需要政府发挥在多方治理中的主导作用。

管理职能：管什么和怎么管？

在计划体制下，政府在教育行政职能行使中，管了一些"不该管"的事、"管不好"的事，还有一些"该管而没管好"的事。政府角色偏离，给政府自身和学校发展都带来了负面影响，主要表现在：（1）政府干预过多，造成政府精力分散，负担过重，不可避免地出现忽视大局、决策失误、行为失职、政策失灵、效率低下等问题；（2）压抑学校的办学活力，滋长学校对政府的过度依赖；（3）导致政府垄断教育，挤压社会各种力量参与办学的空间，阻碍各种教育中介组织的发育和成长。

尽管政府职能从1985年以来已进行过多次改革，但依然未能实现根本性转变，仍有不少难点和重点需要突破。改革开放后，地方负责、分级管理、以县为主的基础教育管理体制虽然解决了"谁来管"的问题，却没有完全解决"管什么"的问题，特别是没有解决"怎么管"的问题，也没有在根本上解决学校内部的管理体制创新问题。在基础教育宏观管理体制基本建立健全的背景下，管理体制的改革必然向微观层面深化。

从2003年起，政府教育管理职能转变的步伐大大加快。2003年党的十六届三中全会通过的《关于完善社会主义市场经济体制若干问题的决定》，在确立科学发展观的同时，要求加快政府改革的进程。责任政府、服务政府、法治政府成为政府改革的主调。这为进一步转变教育行政职能、改进政府与学校的关系、切实深化学校内部管理体制改革奠定了良好的基础。2004年教育部下发的《2003—2007年教育振兴行动计划》要求切实转变政府职能，强化依法行政，建立公共教育管理与服务体系，规范教育行政部门在政策制定、宏观调控和监督指导方面的职能，依法保障地方教育行政部门的教育统筹权和学校办学自主权。

近年来，政府强化了"该管"的职能，比如：对教育规模、结构、布局等方面进行宏观调控；制定教育政策和法规，规制有效的制度并承担制度推行的责任；制定各类学校设置标准和质量标准；制定教育发展规划；通过公共财政分担学校的教育成本，并通过转移支付促进教育公平；建立支持教育改革发展的服务体系；组织对各类学校教育质量进行检查评估等。确立教育标准、为学校提供保障和服务成为政府职能的重点。在宏观调控、社会责任承担、教育公平环境建设、教育制度和法规健全等方面，政府权能被大大强化。政府的角色发生了重要变化，政府成为教育体系的构建者、教育条件的保障者、教育服务的提供者、教育公平的维护者、教育标准的制定者和教育质量的监管者。近几年来，政府极力推进教育公平政策，促进区域、城乡和校际教育均衡发展，加大对教育的投入力度，强化政府对于教育发展的责任，建立基础教育质量监测制度，制定普通中小学督导评估指标体系，等等，都反映了政府教育管理职能的重要变化。

政府职能的行使方式或者说政府管理的方式也应该转变。第一，由原来对学校具体办学活动进行直接干预和微观管理，转变为运用政策、拨款等手段进行间接干预和宏观管理。第二，由人治型管理转变为法治型管理，政府依法行政，学校依法办学，政府依法规范学校办学行为，监督学校办学质量。第三，由控制型管理转变为服务型管理，建立健全公共教育服务体系，指导学校制定发展规划，为学校提供决策咨询及信息服务。但相对于管理内容的变化而言，管理方式的变化要更难一些，也更滞后一些。

总体而言，如果从科学化、民主化、法治化三个维度对我国60年的教育管理进行评价的话，我们可以清楚地看到，1978年以前进展缓慢，其间有反复甚至倒退，"文化大革命"十年更是无从谈起，不堪回首；1978年以后则走上了正常发展的轨道，取得了很大进展，改革开放30年我国基础教育取得的巨大成就与教育管理的科学化、民主化、法治化是密不可分的。

在教育管理的科学化、民主化、法治化三者中，科学化最重要，民主化、法治化是为科学化提供保障的。甚至可以说，广义的管理科学化即包括民主化、法治化。管理科学化是指管理的理性化，它与管理的主观性、随意性相对立，是以科学精神、理性精神开展管理活动，简言之，要"实事求是"。60年来，我国在基础教育管理中，对于为什么管、谁来管、管什么和怎么管几个方面的认识，尽管有时存在重大失误，但总体看来越来越客观、全面和深刻，相关的决策、政策和制度建设也越来越理性。这些来之不易的经验和认识为今后教育管理的进一步科学化奠定了牢固的历史基础，而近年来科学发展观的确立，为基础教育管理的科学化奠定了坚实的认识基础。

科学管理、科学决策必须以扎实的研究为基础。当前我国基础教育已经从外延扩张向内涵发展转变，对于教育管理、教育决策的科学化提出了更高的要求。在基础教育决策、管理和基础教育研究之间必须建立良性互动的关系。科学管理、科学决策和科学研究的共同基础是数据基础——全面的、有代表性的、高质量的数据基础。目前我国还没有一个高水平的基础教育数据库，不同层级的政府对基础教育管理进行决策时，对不少情况是心中没"数"的。我们必须在国家和区域层面建立健全不同层级的教育管理信息系统。目前一个非常重要的进展是 2007 年成立了"教育部基础教育质量监测中心"。该中心 3 年来获取的数据和得出的研究结果令人振奋。该中心将为国家层面的基础教育管理决策发挥不可替代的重要作用。

管理民主化是管理科学化的制度保障。成熟的国家、成熟的教育、成熟的教育管理应该是理性的。60 年来，基础教育管理中出现的非科学化问题，除了认识水平和数据基础等方面的原因外，还有制度根源，这与民主决策机制不健全甚至受到破坏有内在的联系。教育管理民主化的首要要求就是民主决策。"大跃进"和"文化大革命"期间基础教育管理中出现的突出问题与当时政治生活中民主制度被严重破坏有直接关系。1978 年至今，尽管我国政治民主化和行政民主化进展很大，但其间长官意志、一言堂、个人专断等非民主做法仍大量存在于不同层级政府的教育决策行为中。鉴于此，《2003—2007 年教育振兴行动计划》要求"健全重大决策的规则和程序，加强预案研究、咨询论证、社会公示、公众听证及民主监督的制度化建设，建立科学民主决策机制"。民主制通过程序的理性化来保障决策的理性化，从本质上看，它是一种程序化了的纠错机制和权力制约机制。其优点是集纳许多人的主张而不是只服从于一个人的主张，任何一个人都有表达自己意见的权利，也都有接受其他人审查、批评的义务。① 民主制产生的决策和政策，可能不是最好的，但绝对不是最坏的，一般不会带来像"大跃进"和"文化大革命"那样无可挽回的灾难性后果。

管理法治化要求依法行政，以规则为依据，尊重程序，避免长官意志所带来的随意性，简言之，应"反对人治"。教育法治化是教育秩序的基本保证，没有法制和法治，必然产生教育混乱，"文化大革命"是教育混乱和失序的典型案例。更重要的，管理法治化是管理科学化和民主化的基石，科学管理的经验和做法、民主管理的规则和程序，必须通过法律化才能具有强制力，才能成为约束管理行为的强制性规范。改革开放以来，教育立法很受重视，1985年《中共中央关于教育体制改革的决定》要求，"在简政放权的同时，必须加强教育立法工作"。1993 年《中国教育改革和发展纲要》系统提出了教育法制建设的目标和任务，明确要求加快教育法制建设，逐步走上依法治教的轨道。1999 年中共中央、国务院《关于深化教育改革全面推进素质教育的决定》进一步强调指出，"全面推进素质教育，根本上要靠法治、靠制度保障"。教育立法成就斐然，使教育从无法可依，到教育基本的、重要的方面都做到了有法可依，基本形成了由教育法律、行政法规、部门规章和地方性教育法规及规章组成的教育法律法规体系，为教育事业的改革和发展，为学校和师生合法权益的保护，提供了坚实的法治基础。与基础教育密切相关的法律有《中华人民共和国义务教育法》《中华人

---

① 褚宏启. 教育现代化的路径：现代教育导论 [M]. 3 版. 北京：教育科学出版社，2021：199.

民共和国教师法》《中华人民共和国教育法》《中华人民共和国民办教育促进法》《中华人民共和国未成年人保护法》《中华人民共和国预防未成年人犯罪法》等。教育管理科学化、民主化的许多探索和经验，已经被法律化，2006 年修订的《中华人民共和国义务教育法》就是把 20 年来义务教育管理经验予以法律化的典型例证。

但是，只是做到"教育基本的、重要的方面"都有法可依还不够，教育法治应该渗透到基础教育管理的各个层面和环节，同时还应该做到"有法必依，违法必究，执法必严"。教育法治建设依然任务繁重。

新中国成立 60 年来，一方面，我国基础教育成就辉煌，发展的规模与速度令世界尤其是发展中国家刮目相看，我国普及义务教育的经验更是受到国际社会的推崇。无论是与我们自己的过去比，还是与其他发展中国家比，我们都有太多的成就值得骄傲和自豪。"中国模式"引人注目，基础教育与基础教育管理的"中国模式"和中国经验也需要总结。另一方面，历史也提醒我们，新中国基础教育管理的 60 年也充满着曲折甚至挫折，走的是一条"漫漫现代路"，有着很多的教训需要汲取，这些教训和经验同样重要，是我们未来又好又快发展不可多得的精神财富。

（原文发表于《中小学管理》2009 年第 10 期）

我国基础教育行政管理体制改革 30 年简评

教育管理体制包括政府的教育行政管理体制和学校的内部管理体制。宏观的教育行政管理体制改革对于微观的中小学内部管理体制改革具有决定性的影响。本文主要对改革开放 30 年的教育行政管理体制的演进予以简要述评。

教育行政管理体制涉及中央政府与地方政府的关系、地方政府与学校的关系、政府的教育行政职能转变与机构调整，以及教育行政机关的自身建设和专业化问题。在我国教育改革与发展中，由于教育行政管理体制改革与教育投入体制、办学体制改革有密切的连带关系，所以本文在述评教育行政管理体制时，也会连带述评教育投入体制和办学体制改革的状况。

本文把 1978 年改革开放以来我国基础教育行政管理体制改革分为 4 个连续的阶段。

全面恢复计划管理体制（1978—1984 年）

我国改革开放的历史进程始于 1978 年 12 月党的十一届三中全会。但实际上，教育领域的转折和变革早于十一届三中全会，其标志性事件是 1977 年 10 月国务院发文宣布当年立即恢复高考。恢复高考对整个中国教育特别是中小学教育产生了巨大的连带性影响，拉动了大中小学教育秩序的全面恢复。

在教育管理体制方面，我国教育事业的计划管理体制全面恢复，教育部在1978年先后制定了《全日制小学暂行工作条例（试行草案）》《全日制中学暂行工作条例（试行草案）》《全国重点高等学校暂行工作条例（试行草案）》，对学校管理提出了具体、明确的要求，恢复了学校正常的教育教学管理秩序。另外，为稳定教师队伍，保障教育事业发展，制定了计划管理色彩非常浓厚的教师管理政策。1978年国务院批转教育部《关于加强中小学教师队伍管理工作的意见》，其中规定："教师的调动，需经县以上教育行政部门同意""高师、中师毕业生应全部分到教育战线工作""各部门、各单位不要任意借调或抽调教师做非教学工作"等等。

在教育投入体制方面，与经济体制相一致，政府依然是教育资源的配置主体，计划是教育资源配置的基本方式，市场还没有进入教育资源配置领域。在教育资源的内部分配上，与重点学校制度相对应，有限的教育资源更多地向重点学校倾斜。在办学体制方面，基本上是公立学校一统天下，办学体制严重一元化。在教育资源紧缺的压力下，加上农村经济体制改革带来的财富增加，1983年，中共中央、国务院发出《关于加强和改革农村学校教育若干问题的通知》，要求农村办学实行"两条腿走路"的方针，鼓励农民"集资办学和私人办学"，公立学校一统天下的格局被打开了一个小小的缺口。

随着教育秩序的恢复，各级各类教育都得到发展，中小学学制从"五二二"制过渡到以"六三三"制为主，延长了学生受教育年限。"效率优先"是本阶段教育行政的主导价值观，早出人才、多出人才、快出人才是这一价值观的直接反映。恢复和加强重点学校制度是具体的政策举措，我国建立了一批重点小学、重点中学，在国民教育体系内部形成了隐性的"双轨制"。国家集中稀缺教育资源、形成优质教育资源并将这些资源向少部分学生倾斜，以尽快培养所需人才，尽力满足国家赶超战略的需要，但同时也带来了严重的教育不公平问题。重点学校在全国学校中只占极小的比例，而且主要集中在城镇，但却占用了相当多的教育资源。另外，激烈的考试竞争也带来了片面追求升学率的问题。尽管教育部在本阶段多次发文要求纠正，并要求处理好重点中学和一般中学的关系，但收效甚微。

相对于"文化大革命"期间的教育无序状况，计划管理体制的恢复给教育带来了秩序和效率，在当时无疑是有积极意义的，但随着教育的进一步发展，教育中计划管理体制的弊端愈益彰显，亟待改革。

改革计划管理体制（1985—1992 年）

1985 年颁布的《中共中央关于教育体制改革的决定》，是我国教育改革与发展的纲领性政策，拉开了全面改革教育体制的序幕，对其后中国教育的发展产生了深远影响。该决定认为，要从根本上改变教育落后的状况，"必须从教育体制入手，有系统地进行改革"。

教育管理体制改革的基调是：中央向地方放权，政府向学校放权。在教育事业管理权限的划分上，政府有关部门对学校"统得过死，使学校缺乏应有的活力；而政府应该加以管理的事情，又没有很好地管起来"。该决定要求实行基础教育由地方负责、分级管理的原则，提出："基础教育管理权属于地方。除大政方针和宏观规划由中央决定外，具体政策、制度、计划的制定和实施，以及对学校的领导、管理和检查，责任和权力都交给地方。" 1986 年颁布的《中华人民共和国义务教育法》和 1992 年颁布的《中华人民共和国义务教育法实施细则》进一步明确了这一原则。

教育行政管理体制改革与教育投入体制和办学体制的改革有内在的联系。教育经费短缺是当时制约教育发展的一个主要瓶颈，基础教育行政管理地方化、分权化改革把多渠道筹措教育经费的责任也下放给地方了。

在教育投入体制方面，《中共中央关于教育体制改革的决定》提出的"两个增长"的要求对于政府投入产生了重大影响，使得20世纪80年代国家财政性教育经费占GDP的比重的平均水平明显高于以前的70年代和后来的90年代。同时，鼓励多渠道筹措教育经费，地方可以征收教育费附加，用于改善基础教育的教学设施，并鼓励通过发展校办企业、勤工俭学和社会服务自主创收，同时还鼓励单位、集体和个人捐资助学。《中共中央关于教育体制改革的决定》还特别强调乡财政收入的作用："为了保证地方发展教育事业，除了国家拨款以外，地方机动财力中应有适当比例用于教育，乡财政收入应主要用于教育。"这样，在实践中，就逐步形成了以县乡为主管理和实施义务教育的格局。在办学体制方面，基础教育和职业教育则突破了政府办学的框架，《中共中央关于教育体制改革的决定》鼓励集体、个人和社会力量办学，民办教育得到迅速发展。

本阶段的改革打破了原来的以计划为主的教育体制，建立了新的教育秩序，提高了教育行政效率和学校管理效率，提高了政府宏观调控教育改革与发展的能力，提高了地方办学和学校办学的自主性和积极性，提高了各级各类教育筹措教育经费的能力，扩充了我国教育资源总量，初步建立起中国特色教育体制的基本框架，为进一步的教育体制改革和教育事业发展奠定了比较扎实的基础。

本阶段的教育改革是很有成效的。但在打破旧秩序、形成新秩序的过程中，也出现了混乱，如地方各级政府义务教育权限问题、学校乱收费问题等等。此外，改革也带来了其他一些新问题，如义务教育管理权限下放后，因为区域经济发展严重不平衡，所以区域间教育发展严重不均衡现象凸显。一些老问题还没有解决，如政府教育投入虽有大幅度增加，但与持续扩大的教育规模相比，在总量上依然不足。这些新老问题需要通过进一步深化改革予以解决。

本阶段教育改革的主要关注点在体制改革，《中共中央关于教育体制改革的决定》中明确指出需要解决的教育体系调整（特别是职业教育）、教育内涵发展（教育思想、内容、方法）等问题没有成为政策重点。学校片面追求升学率现象愈演愈烈，教育质量堪忧。这说明，任何一个时期的教育改革都应该整体推进、统筹考虑，不能只关注某一个方面（如教育体制），否则会顾此失彼。

深化管理体制改革（1993—2002 年）

本阶段的教育行政管理体制改革向纵深发展。1993 年，中共中央和国务院下发的《中国教育改革和发展纲要》，把教育行政管理体制改革推向深化，力求建立与社会主义市场经济体制相适应的教育体制，市场因素进一步介入体制改革。

在基础教育管理体制改革方面，上一阶段所确立的"地方负责、分级管理"的体制，充分调动了地方兴办基础教育的积极性，这使"普九"工作在政府投入不足的情况下仍进展较快。但是，在县乡义务教育管理权限扩大的同时，沉重的经费负担也落到乡镇政府和农民身上。本阶段基础教育管理体制改革的重要任务就是解决政府缺位问题，在"地方负责、分级管理"体制的基础上进一步提出了"以县为主"的管理体制。1993 年《中国教育改革和发展纲要》和 1994 年《关于〈中国教育改革和发展纲要〉的实施意见》进一步明确了各级政府的责任，并突出了县级政府的责任。《关于〈中国教育改革和发展纲要〉的实施意见》特别强调："县级政府在组织义务教育的实施方面负有主要责任，包括统筹管理教育经费，调配和管理中小学校长、教师，指导中小学教育教学工作等。

乡级政府负责落实义务教育的具体工作，包括保障适龄儿童、少年按时入学。有条件的经济发展程度较高的地区，义务教育经费可仍由县、乡共管，充分发挥乡财政的作用。"《关于〈中国教育改革和发展纲要〉的实施意见》要求"政府要切实转变职能，改善对学校的宏观管理""属于学校的权限，坚决下放给学校"。2001年，国务院在《关于基础教育改革与发展的决定》中确立了农村义务教育"实行在国务院领导下，由地方政府负责、分级管理、以县为主"的体制。此后，随着农村税费改革的推进，我国逐步撤销了乡级以下政府机构的义务教育管理权限和财政责任。至此，我国基础教育管理体制已基本发育成熟。

在教育投入体制方面，《中国教育改革和发展纲要》要求"改革和完善教育投资体制"，指出："增加教育投资是落实教育战略地位的根本措施，各级政府、社会各方面和个人都要努力增加对教育的投入，确保教育事业优先发展。要逐步建立以国家财政拨款为主，辅之以征收用于教育的税费、收取非义务教育阶段学生学杂费、校办产业收入、社会捐资集资和设立教育基金等多种渠道筹措教育经费的体制。"这一规定对改革开放以来我国多渠道筹措教育经费的经验从公共政策视角进行了概括和总结，确定了我国教育投入政策的基本框架。

本阶段，要求财政性教育经费增长的政策力度明显加大。在1985年《中共中央关于教育体制改革的决定》提出的"两个增长"的基础上，《中国教育改革和发展纲要》和1995年颁布的《中华人民共和国教育法》又增加了一个增长，变成了"三个增长"，即中央和地方政府教育拨款的增长要高于财政经常性收入的增长，并使按在校学生人数平均的教育费用逐步增长，教师工资和生均公用经费逐年有所增长。《中国教育改革和发展纲要》还提出"逐步提高国家财政性教育经费支出占国民生产总值的比例，本世纪末达到4%"的目标。但政策力度大不等于执行力度大。由于政府投入不够，农村义务教育经费短缺尤为严重，甚至形成了沉重的义务教育负债，并导致了乱摊派、乱集资、乱收费等现象，引发了一些社会问题。为解决这一问题，从 1993 到 1996 年，有关部委制定了若干文件，分别对收费问题予以规范，但这些规定治标不治本。治本之策是建立经费保障机制。2002 年，国务院办公厅《关于完善农村义务教育管理体制的通知》提出，建立农村义务教育经费保障机制，落实各级政府保证农村义务教育投入的责任。农村义务教育经费保障机制的建立，是我国农村教育发展和义务教育发展的一个里程碑，是本阶段一个重要的政策亮点。

随着 1992 年市场经济体制改革目标的确立，办学体制改革在本阶段全面展开。《中国教育改革和发展纲要》提出，"改变政府包揽办学的格局，逐步建立以政府办学为主体、社会各界共同办学的体制"，国家对社会团体和公民个人依法办学，采取积极鼓励、大力支持、正确引导、加强管理的方针。在国家有关法律和法规的范围内，还可以进行国际合作办学。《关于〈中国教育改革和发展纲要〉的实施意见》更进一步指出："基础教育主要由政府办学，同时鼓励企事业单位和其他社会力量按国家的法律和政策多渠道、多形式办学。有条件的地方，也可实行'民办公助'、'公办民助'等形式。企业举办的中小学应继续办好，有条件的地方在政府统筹下也可以逐步交给社会来办。"这些规定实际上从公共政策上推动了公立学校转制的进程，此后多种办学形式的"转制校"相继出现，依托名校办民校成为一时的风尚，一些公立名校还举办了"校中校""民办班"。本阶段办学体制改革的全面展开，基本形成了多元化办学的格局，使得社会力量办学迅速成长，大量社会资金进入教育，从总体上缓解了教育资源紧缺的状况，也满足了民众对于教育的多样化需求；但市场导向的办学体制多元化进程所伴随的逐利倾向和逐利行为，使本来就存在的乱集资、乱收费现象更加严重。为规范社会力量办学，本阶段出台了一系列法律法规和规范性文件，如 1994 年的《关于民办学校向社会筹集资金问题的通知》、1997 年的《社会力量办学条例》、2002 年的《中华人民共和国民办教育促进法》等。

本阶段教育改革与发展的最大成就是体制改革的深化，它与上一个阶段的教育改革具有很强的延续性。上一阶段开始的教育体制改革在本阶段都取得了重要成果，奠定了我国教育体制的基本格局，且延续至今。基础教育管理体制改革、教育投入体制改革、办学体制相关政策已基本成形并逐渐走向成熟，有些政策在本阶段已被法律化，适应我国国情的宏观教育管理体制、教育投入体制和办学体制已比较健全，我国教育改革与发展的宏观秩序框架已基本完善。这都是本阶段的重大成就。

更好的教育体制意味着更高的效率、更少的体制性浪费，意味着宏观教育效率的大大提高。

1999 年中共中央、国务院《关于深化教育改革全面推进素质教育的决定》要求在各级各类教育中全面推进素质教育，全面提高教育质量，但本阶段教育政策、教育改革重点关注的是宏观教育体制改革和教育规模的扩张，教育效能、教育质量问题没有在政策实践中实现根本改观，教育的内涵发展没有出现实质性突破。各级各类教育规模的迅速扩张也给教育效能、教育质量的提升带来巨大压力和巨大挑战。在基础教育领域，"应试教育"愈演愈烈，素质教育的推进举步维艰，尽管启动了新课改实验，且 2002 年秋季义务教育新课程建设进入全面实验阶段，但实验规模才达到同年级学生的 10%—15%，高中阶段新课改实验尚未开始。我国教育的发展方式急需转变，急需从数量扩张走向质量提升、内涵发展的轨道，我国教育对经济社会发展和人的发展的贡献率亟待提高，教育的效能亟待提高。

尽管本阶段在宏观教育体制改革方面取得了重大进展，教育宏观效率显著提高，但各级各类学校的办学自主权的落实、内部管理体制的改革依然存在许多突出问题，学校内部管理效率亟待提高。

科学发展观指导下的教育行政管理体制改革（2003—2008 年）

2003 年党的十六届三中全会确立的科学发展观的指导思想，成为 2003 年以后我国教育改革的根本性指导原则。以往教育政策中的"社会本位论"色彩相对减弱和淡化，以人为本、促进人的全面发展，成为教育改革的主导价值观。人的发展的公平性、人的发展的质量成为本阶段新教育政策的两个核心问题。促进教育公平和提高教育质量成为本阶段教育改革与发展的两个核心目标。教育管理体制、教育投入体制、办学体制的完善都是为实现这两个核心目标服务的。

促进教育公平的难点在农村学校、在城镇地区的薄弱校，促进教育公平的主要政策是完善教育投入体制（尤其是经费保障机制），实施基础教育均衡发展战略。2003 年，《国务院关于进一步加强农村教育工作的决定》，把农村教育当作教育工作的"重中之重"，要求大力发展农村教育，加大各级政府的投入，完善经费保障机制，对经济困难家庭的学生进行补助。2005 年，国务院下发了《关于深化农村义务教育经费保障机制改革的通知》，提出了 2006 年西部地区、2007 年全部农村地区义务教育免费的目标，并确立了农村义务教育经费保障新机制。2005 年，教育部发布了《关于进一步推进义务教育均衡发展的若干意见》，加大了对农村学校和薄弱学校的支持力度，基础教育均衡发展政策在实践中得到切实落实。2006 年修订的《中华人民共和国义务教育法》鲜明体现了教育公平的立法思想，明确了义务教育的公益性、普及性和免费性，将义务教育均衡发展作为政府的责任，明确规定缩小学校差距，义务教育阶段不得分为重点学校和非重点学校，学校中禁止分设重点班。

体现科学发展观的教育公平应该是有较高教育质量的教育公平。提高教育质量，要求教育实现内涵发展，改革教育内容和教学方法，全面推进课程教学改革，全面实施素质教育。教育部周济部长在教育部 2008 年度工作会议上的讲话中指出，"在当前，我国教育呈现出鲜明的阶段性特征。最基本的阶段性特征，就是进入了从人力资源大国向人力资源强国转变的新阶段，进入了全面提高教育质量的新阶段。现在，有学上的问题已经基本解决，上好学的问题成为突出矛盾；数量和规模的问题已经基本解决，质量和结构的问题成为突出矛盾"，"尽管教育的规模仍然有一定的发展空间，但从总体上看，今后各级各类教育的发展重点都要放在提高质量上。人民群众不仅要求享有接受教育的机会，更加要求享有接受良好教育的机会"。在本阶段，基础教育课程改革作为基础教育阶段实施素质教育的主要载体取得了重要进展，到 2005 年秋季，全国所有小学、初中起始年级都已经实施新课程，2006 年有 10 个省份进入了普通高中新课程实验，2007 年扩大到 16 个省份。中小学的培养模式发生了深刻变化。

教育质量是教育效能和教育效率的基础。本阶段的教育政策比以往更加关注教育质量问题，而且在关注教育对社会发展的贡献的同时，尤其关注教育对人的全面发展、协调发展与可持续发展的贡献，充分彰显出以人为本的新发展观、新效能观。本阶段教育政策对于现代教育效能本质的把握更加全面、丰富。

在教育管理体制方面，基础教育管理体制在上一个阶段已基本发育成熟，解决了"谁来管"的问题，但还没有完全解决"管什么"的问题，特别是没有解决"怎么管"的问题，也没有在根本上解决学校内部的管理体制创新问题。在宏观教育管理体制基本建立健全的背景下，管理体制的改革必然向微观层面深化。本阶段教育管理体制改革的主要进展是在政府职能转变与学校内部管理体制改革方面，典型表现是开展了建设现代学校制度的探索。尽管从 1985 年以来，学校内部的管理体制改革一直在积极的探索中，而且取得了一些积极的成果，但一些根本性的制度体系并没有真正建立起来。2003 年党的十六届三中全会通过的《关于完善社会主义市场经济体制若干问题的决定》，在确立科学发展观的同时，要求加快政府改革进程，以适应市场经济体制和符合科学发展观的要求。责任政府、服务政府、法治政府成为政府改革的主调。这为进一步转变教育行政职能、改进政府与学校的关系、切实深化学校内部管理体制改革奠定了良好的基础。

2004 年教育部下发的《2003—2007 年教育振兴行动计划》要求切实转变政府职能，强化依法行政，建立公共教育管理与服务体系。规范教育行政部门在政策制定、宏观调控和监督指导方面的职能，依法保障地方教育行政部门的教育统筹权和学校办学自主权。健全重大决策的规则和程序，建立科学民主决策机制。探索建立现代学校制度，"继续深化学校内部管理体制改革，完善学校法人制度"。目前教育行政职能转变与现代学校制度建设正处于积极探索阶段。

在本阶段，政府自身定位和行政职能的变化，特别是对于包括公共教育在内的公共服务的责任承担，对本阶段教育投入体制完善产生了非常积极的影响，并对办学体制产生了相当微妙的影响。

在教育投入体制方面，尽管已经形成的多种渠道筹措教育经费的政策格局没有发生变化，但政府在本阶段大大强化了自身对于公共教育的责任。2006 年 10 月，党的十六届六中全会通过了《关于构建社会主义和谐社会若干重大问题的决定》，在建设和谐社会的重点任务中强调"完善公共财政制度，逐步实现基本公共服务均等化""坚持教育优先发展，促进教育公平"。政府进一步加大了教育投入力度，建立了义务教育经费保障新机制。政府教育责任缺位问题的解决有很大进步，政府不再"以政策代投入"，不再推卸自身的教育投入责任，不再把自身的责任推向学校、社会和市场。与此相关，办学体制也发生了微妙的变化，集中表现在对改制学校的政策转变上。当年把公立学校改制，是希望通过改制，把公立学校变为民营性质，从而运用市场机制，从社会"合法"地获取教育资源（公立义务教育学校收取学费不合法），减轻政府和学校的教育经费压力。这种做法是特定时期的无奈之举，产生了很多负面影响。本阶段政府开始清理整顿改制学校。2005年底，国家发展改革委、教育部联合下发《关于做好清理整顿改制学校收费准备工作的通知》，指出了公办中小学进行办学体制改革试点在特殊时期的积极意义和负面影响，明确规定，"从2006年1月1日起，各地全面停止审批新的改制学校"。此后，各地开始清理整顿转制学校，将转制学校转回公立或者推向民办。2006年新的《中华人民共和国义务教育法》从法律上禁止学校改制，规定"县级以上人民政府及其教育行政部门不得以任何名义改变或者变相改变公办学校的性质"。可见，新政策明确了公立学校的公益性，同时给民办学校以公平的竞争空间。

综上所述，在汲取改革开放以来20多年教育发展经验与教训的基础上，在科学发展观的指导下，本阶段我国教育政策的质量和水平实现了质的飞跃，教育改革与发展也走上了全面、协调、可持续之路，走入了又好又快发展的轨道，教育政策和教育实践进入了同时关注教育公平、教育效能（质量）、教育效率、教育秩序的新阶段，为建立公平高效的教育新秩序搭建出基本的框架、奠定了坚实的基础。

（原文发表于《中小学管理》2008年第11期）

第 二 编

以现代精神引领学校发展

现代精神是现代教育的灵魂，学校管理者要用现代精神引领学校发展。

好学校的模样：
评《名校的那些"秘密"》

俗话说：不幸的家庭各有各的不幸，而幸福的家庭都是相似的。

套用这个句式，则可以说：薄弱学校各有各的短板，而好学校的模样都是相似的。

本书的书名叫《名校的那些"秘密"》，我认为，将这里的"名校"称作"好学校"更为恰当，有些学校高考升学率声名远扬，也是"名校"，但争议很大，远不能被称为"好学校"。好学校好在何处？好学校之所以好，秘密何在？问题看似玄妙深奥，实则很好回答：好学校没有什么秘密，也从不保守所谓的"商业秘密"，好学校很朴素、很透明，好学校是遵守教育常识的学校，不故弄玄虚，也不遮遮掩掩。

把本书中的48篇文章读了几遍，受益匪浅。越读越觉得好学校不神秘，好学校的模样都是相似的。

好学校真正以学生发展为中心，学校的一切工作都围绕学生展开，为学生的全面发展、个性发展、主动发展、可持续发展服务。好学校立足于学生的长远利益与根本利益，而不只是急功近利地给学生一个"高分"，好学校站得更高看得更远，致力于培养能适应社会发展、能促进终身发展的关键能力或核心素养，尤其重视创新能力、批判性思维、合作能力、交流能力的培养，聚焦于培养学生具有"聪明的脑"与"温暖的心"。好学校知道真正的"聪明"不是以"记忆能力"为核心的应试技能，而是善于解决复杂疑难问题的创新能力和批判性思维；好学校知道真正的"温暖"不是服从和盲从，而是基于尊重宽容、能够换位思考的合作能力与交流能力；好学校知道只有让学生拥有聪明的脑和温暖的心，才能适应复杂多变不确定的 21 世纪。

好学校不仅促进学生的全面发展和可持续发展，还积极促进学生的个性发展与主动发展。好学校倾听学生的呼声，尊重学生的需求，激发学生的兴趣爱好，调动学生学习的积极性、主动性，让每一位学生成为自主发展的主体，让学习过程充满乐趣，让学生具有内在动力，不用扬鞭自奋蹄。好学校强调教育是发现和唤醒，发现每位学生的不同特点和个性差异，唤醒沉睡的潜能，并搭建平台，提供自主自由的空间，帮学生找到自我、认识自我、发展自我，让学生自知自信自强。好学校注重培养学生的独立人格、独立思想，而不是培养唯唯诺诺、毫无主见的人。好学校不把学生看作学校获取功利的工具，学生是目的，不是工具。

总之，好学校对于"教育目标"即"培养什么人"有清醒的认识，有正确与明确的培养目标，不满足于培养"分高""听话"的人，而是培养适应 21 世纪社会发展、培养我国现代化建设所需要的具有创新能力、科学精神、民主精神、法治精神的现代人；好学校对于"教育过程"即"怎么培养人"也有清醒的认识，不是靠外在的威胁与利诱、约束与激励，而是靠激发学生的内在动机，调动学生学习的积极性、主动性和创造性，让学生不是"要我学"，而是"我要学"，不是为考试"不得不学"，而是为满足个人兴趣、实现个人理想"主动去学"。

好学校的课程建设、教学方式改革、学习方式转变、管理方式改进，都是围绕上述教育目标和教育过程展开的，诸多好学校在课程内容、教学方式、学习方式、管理方式上不可能完全一样，学校特色也各有不同，但是其精神实质是一样的，那就是：学校的一切工作都围绕学生展开，为学生的全面发展、个性发展、主动发展、可持续发展服务。众多好学校不论有多么不同，但"本质的模样"却是一样的，即好学校的"灵魂"是一致的。

一些学校去好学校考察取经，往往学其皮毛，认为一些表面的具体做法就是好学校的经验甚至精髓，实则不然，结果画虎不成反类犬，不是水土不服，就是南辕北辙。学习好学校的经验，不要局限于"表面的模样"，而要把握好学校的本质与灵魂，真正看清"好学校的模样"，找到"好学校的秘密"。

（本文系作者为《人民教育》精品文丛《名校的那些"秘密"》
所作的序，原文发表于《人民教育》2020年第3—4期）

现代精神与学校发展

教育的目的在于促进人的发展和社会发展。现代教育的使命则在于培养现代人，建设现代社会。现代教育管理是为现代教育、为培养现代人、为建设现代社会服务的，它要求管理者必须具有现代精神和现代品格。

现代精神是现代教育的灵魂，校长要用现代精神引领学校发展。校长素质包括专业知识、专业技能、专业精神三个维度。专业精神是校长素质的灵魂，是校长专业发展的关键，专业精神中最核心的要素就是现代精神。校长只有具备现代精神，才能建设现代学校文化和现代学校制度，才能培养出素质全面的现代人。

校长应该具备的现代精神包括以下四个方面。

科学精神

首先，校长应该以科学的发展观引领学校的发展。

科学精神通俗一点讲就是要讲道理。发展是硬道理，发展更要讲道理。学校的改革与发展要讲道理，不能搞形式、瞎折腾，应该实事求是。科学精神要求校长在从事管理工作时，以求实、平和的心态，而不是浮躁的心态去引领学校的改革，应该深入实际调查研究，了解学生心理，尊重教育规律，以科学发展观统领学校全局，促进学校的健康发展、协调发展和可持续发展。

学校发展必须有正确的方向，有符合时代要求的教育导向。把握正确的办学方向是科学精神的首要要求。校长必须用现代的教育价值观、教育质量观、教育评价观、学生观、教师观去重估教育行政，深入思考并反复追问这样一些基本问题：我们到底要培养什么样的学生？好学生、好教师、好学校和好教育的标准到底是什么？中共中央、国务院《关于深化教育改革全面推进素质教育的决定》为学校发展指明了方向："全面推进素质教育，要坚持面向全体学生，为学生的全面发展创造相应的条件，依法保障适龄儿童和青少年学习的基本权利，尊重学生身心发展特点和教育规律，使学生生动活泼、积极主动地得到发展。"科学发展、内涵发展、素质教育三者之间有内在的一致性。

其次，校长要有科学的思维方式。

科学包括两个方面，即科学知识和科学方法，科学方法是科学精神的本质。校长应有理论思维，要提高自身的理性素养，掌握科学的思维方法，走出经验性的误区。

校长的思维方式决定了工作方式。我们要通过改善校长的思维方式，进而改善校长的工作方式。当前的校长培训中应该增加科学研究方法的培训，让校长学会如何开展研究。校长们只有学会调查、学会研究，才能正视问题、科学决策。如果校长看问题踏踏实实、求真务实，那么他的工作往往也实实在在、实事求是。遗憾的是，我们发现，现在不少校长说话、做事缺乏证据的支撑，在管理中缺乏调研，甚至不会调研；思考问题、开展工作时，科学性、客观性、理性化程度不够。近年来，各级各类校长培训机构举办了很多校长高级研修培训，并要求校长做研究、写论文。校长们提交的论文各种各样，有经验总结，有工作汇报，有体验、感悟、随想、灵感。从这些论文中我们可以看出校长分析问题、解决问题的方式，看出校长的思维方式、研究方式和工作方式。它们在一定程度上反映出校长普遍缺乏系统的科学思维训练，也反映出有些校长在管理工作中的非理性、随意性，以及浮躁、浮夸，甚至决策中的武断和专断。这些情况说明，有相当一部分校长的思维品质、思想作风和工作作风存在一定的问题。

形成科学的思维方式，是提升校长发现问题、分析问题、解决问题能力的关键，它对于校长自身的能力建设和校长的可持续发展具有极其重要的意义。

最后，校长要注意研究学生。

深入、持久地研究教育的对象，是学校发展的根本性工作和基础性工作，也是科学精神的重要体现。值得注意的是，现在学校管理中非常缺乏对学生的研究，更缺乏对学生的全面研究。不少校长的管理重点不是学生，注意力不在学生身上。学校管理最终是为学生的发展服务的，如果一个校长连学生的情况都不了解，那么他怎么去因材施教、有针对性地实施素质教育、促进学生的全面发展呢？对学生的研究，不仅要研究学生的德育问题，更应该研究学生的学习方式、学习兴趣、学习习惯、年龄特点等。

民主精神

学校倡导民主精神，应该关注这样几个方面的问题。

其一，促进学校的民主管理。

实行民主管理是社会主义民主的要求，是建设现代学校制度的核心追求。近年来，我国中小学管理的民主化建设有了很大的进展，但发展并不平衡。不少学校没有建立起民主管理制度，缺乏对校长和管理人员的监督，重要校务尚未公开，教师参与、家长参与、学生参与严重不足。要健全学校民主管理制度，探索多种形式的参与机制，加强民主决策和民主监督，完善校务公开制度，保障教师、家长和学生的知情权、参与权、表达权、监督权。学校民主管理对于提升未来公民参与民主政治的能力具有重要意义。

其二，促进校内教育公平。

教育公平是社会正义在教育领域的基本要求，也是当前在我国占主导地位的公共教育政策。我认为，教育公平既是宏观的教育政策，也是对微观的学校教育实践提出的新要求：学校管理要关注校内公平，要给在学校里学习的每一个孩子公平发展的机会，要关注学生中弱势群体的各项权利，要让每个孩子切实感受到校内公平的存在。

其三，弘扬人道精神。

民主精神说到底是平等精神和人道精神，简单地说就是以人为本。教育要有对人的终极关怀，要把人作为目的而不是工具——不把教师作为学生发展的工具，不把学生作为学校发展的工具，也不把师生作为校长个人发展的工具。校长要尊重教师、尊重学生，倾听他们的声音，走进师生的内心世界。

总之，民主管理，尊重民情，了解民意，挖掘民智，关注民生，以民（教师、学生、家长）为本，是民主精神对现代校长的要求。

法治精神

法治精神要求校长遵守国家法律法规，建立健全学校规章制度，以法治取代"人治"，依法办学，依法治校，避免长官意志、个人专断。建设现代学校制度、运用制度手段管理学校，是法治精神在当前学校管理中的具体体现。

以优质的学校制度提升学校的管理水平和办学质量，是现代校长的重要职责。一直有一种说法："一个好校长就是一所好学校。"对这句话我们应该辩证地理解。从根本上讲，如同"一个好总统就是一个好国家""一个好县官就是一个好县城"的说法是错误的一样，"一个好校长就是一所好学校"的说法也是错误的。这三句话背后所隐含的是"明君"思想、"清官"思想、"人治"思想，说到底是一种封建思想。

现在我们许多学校陷入了"人治"的怪圈：来了个能力强的校长，学校的办学质量就上去了；换了个能力一般的校长，学校的办学质量就下滑了。"好校长"一离开，这个学校就滑坡了，这恰恰说明这个校长不是一个真正的"好校长"，人走政息，说明他的政绩是"人治"的政绩，而不是法治的政绩。"人治"型的校长是传统型的校长，不是现代型的校长。

当然，我并不否认一个好校长对于一所学校的重要性，虽然"一个好校长就是一所好学校"从根本上看是错误的，但是从现实看，这句话依然有其流传的合理性。在我国所处的社会主义初级阶段，好的教育制度和学校制度依然十分匮乏，在这种情况下，特别需要有一批好校长出来，他们的历史使命就是为学校发展"建章立制"。好的制度会使学校不至于因为校长的变动而出现发展的反复。

因此，在当前这样一个教育制度和学校制度尚待建立健全的社会主义初级阶段，衡量一个校长是不是"好校长"的重要尺度，就是要看他在制度建设、在促进学校可持续发展方面的贡献和水平。

民族精神

现代化不是西化，更不是美国化。中国的现代教育应该培养能为中华民族崛起贡献力量的中国人，"为中华之崛起而读书"并不过时。现代中国不仅不排斥民族传统和民族文化，而且要将优秀的民族传统和民族文化发扬光大。在中国这样一个发展中国家，培养学生的民族自豪感，增强学生的民族自信心，是全球化时代中国教育和中国校长的重要使命。不少学校和校长把"培养现代中国人"

"造就走向世界的现代中国人""做自豪的中国人"作为学校的办学目标，这是民族精神的具体表现。

继承有时可能比创新更困难，也更有价值。校长在办学中不仅要致力于培养学生的民族精神，弘扬优秀的传统文化，而且应该积极吸收我国优秀的传统管理文化和管理思想。当前的教育管理研究，西化的倾向比较严重。大量外国的东西被引进来，但对中国优秀的管理文化和思想的挖掘还远远不够。校长，尤其是年轻校长，不仅要学习西方的管理思想，也要学习、传承和弘扬我国传统的优秀管理思想。

发扬民族精神还要求校长在办学时尊重国情和校情。中国的事情很复杂，教育的事情更复杂。西方的一些管理理论未必能解释、解决中国的教育问题。我们期待校长们能解放思想，积极探索，不仅在本土教育问题的解决方面有所作为，而且在中国民族特色教育管理理论的建构中也大有作为。

（原文发表于《中小学管理》2008 年第 1 期）

规划未来：学校发展规划的制定

规划是计划的一种，在我国，时间跨度在五年以上的计划一般被叫作规划，如五年规划、中长期规划等；三年以下的一般就直接叫计划，如三年行动计划、年度工作计划等。在英文中，规划与计划是同一个词"plan"，没有区别。

规划工作从表面上看是最后写出一个规划文本，即"成文"，但实质上所涉及的是"成事""成人"的问题，关注的是重要的事，即关于未来发展的涉及全局性基础性战略性的重大事项，而所有这些事，都要为了人的发展，都需要人去做出来，所谓事在人为。因此，规划是成文、成事、成人的统一。

关于"如何编制学校发展规划"的研究与论述汗牛充栋，笔者此处只就容易出现的问题谈几点看法。

第一，重视规划工作，深度认识规划的价值。有些学校往往把编制规划作为上级布置下来的、学校不得不完成的一项指令性工作，只关注"成文"，找几个校内外的"秀才"，东拼西凑成文后交差了事。这样制定出来的规划徒有形式，难以指导学校的未来发展，难以成事成人，最后只能落入"规划规划，墙上一挂，全是鬼话"的境地。

学校发展规划是学校为自身发展而制定的包括指导思想、战略目标、战略重点、步骤方法在内的系统方案，其典型特征是战略性，即从战略高度规划未来。这就要求学校全体教职工特别是校长要站得更高看得更远，走出事务主义的误区，真正立足长远谋划学校发展。

对学校这个社会组织而言，规划确定了学校未来的发展目标，使管理团队与普通教职工明确了需要为之奋斗的共同愿景，有利于全体人员同心同德同向同行，推进组织目标的实现；发展目标还可以作为标准，用于过程的控制以及结果的评价与反馈，有利于提高学校整体的管理效率和管理效能。对教职工个人而言，规划能提升他们的整体思维，促进他们的主动发展。规划让组织中的每个成员看到了自己所做的具体工作在全校工作大局中的价值、在学校长远发展中的意义，进而提升每个人的归属感和责任感，提升工作的积极性、主动性、创造性。

第二，坚持目标导向，战略目标要清晰明确。发展规划中，目标的确定最为重要，全部规划都是围绕目标展开的，指导思想、战略重点、保障措施等，都是为目标的实现服务的。目标是规划的核心与灵魂。学校发展目标不是单一的，包括促进学生发展、提升社会满意度等，而且每一项工作如课程改革、教师队伍建设等也都有自己的目标。当前规划制定中的一个严重误区就是目标表述含混笼统，不够清晰不够明确，这样的目标难以落实也难以评价。例如：不少学校将培养目标仅仅表述为"全面发展""五育并举"，把教师发展目标定位为"进一步提升专业化水平"，尽管都没有错误，但是过于概括，难以操作化，需要进一步具体化。有专家推荐了确定目标的"SMART"（聪明的）方法，即确定的目标应该具有明确性（Specific）、可衡量性（Measurable）、可实现性（Attainable）、现实性（Realistic）和时效性（Time trackable）。具备这些特征的目标才是表述恰当的、有实际价值的。①

---

①　罗宾斯，库尔特. 管理学（第13版）[M]. 北京：中国人民大学出版社，2017：197.

第三，突出问题导向，着力解决重点问题。培养目标（培养什么人）与培养举措（怎样培养人）都需要突出重点。培养目标要突出重点，只提"全面发展"与"五育并举"是不够的，要进一步指出全面发展中重点发展什么，比如智育中可以把创新能力（通俗而言为"聪明的脑"）作为优先选项，德育中可以把合作能力（通俗而言为"温暖的心"）列为重点内容。当前中小学都要以学生核心素养的培育为重点目标，核心素养是人的现代化在21世纪的时代体现。培养举措（怎样培养人）也要突出重点。如果说在培养目标层面要体现21世纪社会现代化对于人的现代化的时代要求，那么，在培养举措或过程方面，如课程、教学、评价、管理、信息技术支持等方面，都要体现教育现代化的要求。只有"现代化的教育"才能培养出学生的核心素养，才能促进"人的现代化"。培养举措或过程涉及诸多环节与因素，要做的事很多很多，哪件或者哪几件相对而言更为重要？

一所学校、一个人要做的事情无非四类：又大又急的事、大而不急的事、不大但急的事、不大不急的事。学校五年发展规划属于战略规划，一定要关注大事，而且一定要为做大事留出充分的时间并做好时间管理。我们最常见也是最容易陷入的误区是：流年似水，五年匆匆而过，回首往事，发现大事都没有做完甚至还根本没有做，做的往往都是"不大但急的事"，也就是"比较急的小事"挤占了我们做大事的时间，等做完了这些比较急的小事，就没有时间去做大事了。因此，在规划的时间表和路线图上，一定要把做大事放在首位，一定要把大事变成急事，要咬住大事不放松。何为大事？学校以育人为本，课堂教学就是大事，或者说，小课堂里发生的事就是学校最大的事。规划一定要把改进课堂教学方式、提升课堂教学质量作为最重要的优先事项。我们要把精力和资源用在课堂教学的改进上，而不是用在只是为了吸引眼球的形象包装、大型活动上。

要把教育现代化这件"事"做好，关键靠"人"，靠专业化的教师队伍。教师队伍的专业化是学校教育现代化的关键，是提高课堂教学质量的关键，是培养学生核心素养的关键。因此，学校发展规划要把教师素质提升作为重中之重的内容板块，作为学生发展、学校发展的先导性基础性的战略举措，大力提升校本培训与校本研修的针对性实效性。而且，要把教师培训与学生培养融合为一体，现代化的教师是能够促进学生群体现代化的教师，是能够培养学生核心素养的教师。

在贯彻落实《中国教育现代化 2035》、加快推进教育现代化的大背景下，学校发展规划的制定必须紧扣教育现代化这个主题词展开，要有更高的立意与站位，其基本逻辑与因果关系是：通过大幅提升教师素质，让教师成为具有现代精神的现代教师，进而推进教育教学的现代化，培育学生的核心素养，把学生培养成具有科学理性精神、民主法治精神、创新开拓精神的现代人，为建设现代国家做出积极贡献。

学校发展规划的制定，要有开阔的战略视野，在时间维度上要面向未来，在空间维度上要面向世界，在价值维度上要面向现代化；既要有理有据，体现理性精神，更要有情有义，体现人道精神；要把改善学生和教师的生存状况与发展状况作为规划的核心内容，老老实实、踏踏实实为师生减负，尽量多解决一些圈中人都心知肚明的现实问题，少搞些虚张声势劳民伤财的形式主义，提升师生的生活质量，让学校成为师生都乐意进来、都不愿离开的乐园。理性精神与人道精神是现代精神的最集中体现，是教育现代化的精髓，也应该成为学校发展规划的指导原则与价值底色。

（原文发表于《中小学管理》2021 年第 3 期）

核心素养与规划未来

2016 年，伴随着各级政府教育"十三五"规划的制定，中小学校也都纷纷制定学校发展的"十三五"规划，掀起了新一轮的"规划热"。同时，教育界对于"核心素养"的讨论在今年也如火如荼地进行着。"学校规划"与"核心素养"这两个热点之间有没有关联？在规划制定中，作为学校最高"首长"的校长该发挥什么作用？

校长要重视规划及其作用。目前很多校长对规划很重视，也有比较成熟的想法和做法。但也有校长做规划仅是为了完成上级下达的任务，或者是为了与别的学校比拼看齐，所以他们对于规划问题表面上重视，实际上轻视，经常是找三五个人"攒"一个文本交差了事。这样的规划必然空洞无物，缺乏前瞻性、战略性和操作性，难以发挥其应有的作用。

规划制定，对于校长而言，是几年才一遇的良机，是展示校长领导力的关键时刻。校长的顶层设计能力和战略思维水平，校长的领导能力和把握大局的能力，在学校规划中一览无余。在制定规划时，校长们要思考：学校这艘航船将驶向何方？几年后学校将有怎样的实质性改变？

凡事预则立，不预则废。任何规划，无论是个人的、学校的还是国家的，都必须回答几个基本的问题："我"从哪里来？到哪里去？如何去？学校规划则要重点回答学校"有什么样的基础和条件""培养什么人""怎样培养人"这几个关键问题。全校上下对这些问题都应该有清晰的认识，如此才可能形成统一认识、统一意志，让规划成为学校战略管理、科学管理的利器。

　　首先，要明确学校"有什么样的基础和条件"的问题。当前学校工作千头万绪，许多学校做了很多事情，但对于这些事情该不该做、为什么该做或不该做并不清楚。学校工作的碎片化和盲目性严重，主体性和科学性不足。师生生命有限，学校的教学时间有限，学校的各种资源也有限。因此，学校发展的目标与任务，不是多多益善，不能老用加法、乘法来进行学校改进，而应做最该做的，把最该做的做到最好，把有限资源（包括时间资源）用到最该做的事情上去。校长需要不断聚焦战略目标和战略重点，明确现存的关键问题与解决路径。因此，制定规划不能匆匆而为，"规划未来"是一个校长最值得花时间去做的事情。

　　其次，明确"培养什么人"的问题。规划制定中的工作很多，最需要校长把握的事情是：树立明确的正确的培养目标。培养目标是规划的灵魂。校长对于培养什么人要有明确的正确的深刻的认识，真正理解什么是真正的"以人为本"，即不把学生当作获取学校政绩的工具，不只是考虑学生一时的利益如考试成绩，而是立足学生的长远利益和根本利益，把握好一时与一世的关系，为孩子的一生一世负责。校长要立足社会发展前沿，深入思考：面向21世纪，学校该把学生培养成什么样的人？

　　校长需要跳出学校看学校，站在高处、远处，站在社会发展、人的发展的视角，审视和优化培养目标。21世纪是知识经济、全球化、信息化的时代，当前我们的培养目标必须升级换代，必须聚焦于21世纪的"核心素养"，即创新能力、批判性思维、合作与交流能力、信息素养、自我管理能力等关键素养。学校的培养目标应该由过去重视培养"考试技能"，转移到重视培育"核心素养"。只有如此，学生将来才能有美好的生活，才能飞得更高更远。

最后，明确"怎样培养人"的问题。现阶段学校提出培育学生的核心素养，肯定会遭遇一定阻力，包括来自家长和上级领导的阻力。校长对此要有战略定力，不管外部风云如何变幻，都要坚定坚决坚持，不要被外部的力量牵着鼻子走。在师生精力有限的条件下，校长要重新调整学校的工作安排，衡量学校一切工作（如课程建设、教学模式、教研工作、管理工作等）的尺度，应是其与核心素养的关联度、对核心素养培育的贡献度；与核心素养相关度不高、对核心素养培育贡献度不高的工作，可以少做甚至不做，以腾出时间做更重要的事情。

明确与正确的培养目标，是学校工作也是学校规划的"魂"与"根"。"有所为，有所不为，才能大有作为"，此为至理名言，我们在制定学校规划时，需要谨记于心。

（原文发表于《中小学管理》2016 年第 8 期）

学校管理怎样为素质教育服务

素质教育的本质是全面贯彻教育方针，促进学生全面发展，最终目的是把学生培养成具有现代精神、素质全面的公民。素质教育不能只是停留在口号上，关键是扎实推进和实施。学校是实施素质教育的主阵地，但是，不少学校的管理与实施素质教育的要求不相符合，甚至大相径庭。"学校管理能否为以及怎样为素质教育服务"是当前不容回避且富有挑战性的问题。

学校管理能否为素质教育服务

不少学校管理者把素质教育推进不力归咎于刚性的制度因素，认为考试制度尤其是高考制度是实施素质教育的最大障碍，考试制度不改革，学校管理对推进素质教育无能为力，素质教育当然会步履维艰。我认为这种观点是错误的。我们当然希望考试制度有一个很好的改革，为素质教育的实施创造一个良好的外部环境。但是实际上，我国的高考制度在短期内不可能发生重大变化，在这种情况下，学校管理对促进素质教育能否有所作为？回答是肯定的。即使学校外部的考试制度不发生变化，学校管理在促进素质教育方面依然可以大有作为，不应该把学校搞不好素质教育，全部或者主要归咎于外部因素，归咎于刚性的考试制度。把所有的责任都推到外部去，是不负责任的态度。

一些学校管理者将考试等同于"应试教育"，并把考试与素质教育对立起来，认为考试与素质教育不能兼顾，要搞素质教育就必须取消考试，秉持一种非此即彼的思维方式。事实上，绝对不能把考试与"应试教育"相混同，否则必然给具体的学校管理带来混乱。不能否定考试存在的意义和价值，考试能力是学生素质的重要组成部分，考试是素质教育的有机构成部分。否定考试不但是幼稚的，更是有害的。取消考试会带来更多的教育问题和社会问题。我们反对"应试教育"，但是不应该反对考试。一个真正有水平的教育工作者，既能让学生考得好，也能让学生其他素质得到发展。

还有不少人把课堂教学与"应试教育"挂钩，把课外活动与素质教育挂钩，认为抓课堂教学就是搞"应试教育"，只有抓课外活动、抓综合实践课才是搞素质教育。这种认识当然是错误的。课堂教学是实施素质教育的主渠道，课外活动和综合实践活动对主渠道起重要的辅助和补充作用，抛开课堂去搞素质教育必然是本末倒置、南辕北辙。

不把学校推进素质教育不力归咎于外部制度因素，不把素质教育与考试对立起来，不把课堂教学与"应试教育"简单挂钩，不把课外活动与素质教育直接等同，这些认识为提升学校管理对素质教育的服务能力提供了广阔的空间。

学校管理怎样为素质教育服务：观念层面

正确的观念是正确的行为的先导。学校管理要有效服务于素质教育，首先应该树立正确的管理观。学校管理者必须思考：学生为什么而学？教师为什么而教？校长为什么而管？学校为什么而办？还必须思考：学生的学、教师的教和校长的管，三者谁为谁服务？

正确的学校管理观必须以正确的发展观、教育观、人才观、质量观、学生观、教师观、教学观为基础。管理不是目的，只是一个工具，管理的目的在于通过实施素质教育，促进学生的全面发展。美国学者威洛尔指出："人们越来越把教育管理视为工具性的，视为实现组织目标和社会目的的一种手段。道理很简单。开办学校的目的是教育学生，而管理正是为此服务的。"在实际管理中，校长们往往强调了手段而忽视了目的，对本真的教育问题视而不见。这个本真的教育问题就是：学校组织及其教育活动怎样才能有利于学生的发展？

教师的教是为学生的学服务的，校长的管是为教师的教服务的，所有这一切都是为全面提高学生的素质服务的，这也是"以人为本"的科学发展观的要求：将一切发展的目的归结为"人的发展"。中共中央、国务院《关于深化教育改革全面推进素质教育的决定》提出："全面推进素质教育，要坚持面向全体学生，为学生的全面发展创造相应的条件，依法保障适龄儿童和青少年学习的基本权利，尊重学生身心发展特点和教育规律，使学生生动活泼、积极主动地得到发展。"科学发展观要求校长在管理学校时，体现教育的特性，尊重教育的规律，把学校办得更像学校；要求校长了解学生、关注课堂、引领教学。

但是，现实与科学发展观的要求有相当距离。现在依然有相当一部分校长对学生关注不够，对课堂教学关注不够，实施教学管理的专业性不够。好的学校管理必须有正确的方向，有符合时代要求的教育导向。教育需要理想，不能迷失自己。学校管理也是如此，需要一个正确的主导价值观，否则也会迷失方向。

学校管理者不仅自己需要树立正确的教育观，还要引导全体教师树立正确的教育观，这是在学校中切实推进素质教育的关键，因为具体的教育教学活动是由每一个具体的教师去落实和实施的。

2005 年底，我们对某市参加新课改培训的 960 名中小学教师进行了问卷调查。调查包含三个方面：教学观、学生观和教师观。教学观主要包括以下几个维度：（1）教学是师生互动，而不是单向讲授；（2）教学既重结果，也重过程；（3）教学要既关注学科也关注人，既重认知也重情感，既重教书也重育人；（4）教学要尊重学生的思维、想象和个性。

学生观主要包括以下几个维度：（1）学生是不成熟的人，是发展的人，学生的心理发展是有规律的；（2）学生是有发展潜能的；（3）学生是独特的人，学生是完整的、富有个性或差异性的人；（4）学生是独立意义上的人，学生有独立的人格，是学习的主体，是责任和权利的主体。

教师观主要包括以下几个维度：（1）教师是学生学习的促进者；（2）教师是教育教学的研究者；（3）教师是与家长、社区相互沟通的协调者；（4）教师是学生发展的支持者和朋友，而不是绝对权威。①

调查得出的一个重要结论是：教师观念的三个维度存在显著差异，教师的教学观显著好于教师观和学生观，教师观又显著好于学生观。这个结论表明：教师的观念存在偏差，需要纠正。因为，三种观念中最重要的是学生观，正确的学生观是正确的教学观和教师观的基础。建议校长和学校在实施校本培训和校本教研时，关注教师的观念转变，采取措施使教师树立正确的学生观。这是实施素质教育的基本要求，也是实现教育深度变革的基本要求。

学校管理怎样为素质教育服务：方式和方法层面

在经济领域，生产方式和生产技术对于提高产品质量和生产效益有很大作用。同样，如果把教育看作一个生产过程，教师的教学方式、学生的学习方式、校长的管理方式就构成了"教育生产方

---

① 姚计海. 中小学教师教学观念及其管理调研报告［R］. 2006.

式"。教育生产方式的革新和改善，可以减轻学习负担，改善课堂教学，提高教与学的效率，融洽师生关系，促进学生全面发展，提高教育质量和办学效益。

素质教育要落到实处，必须把先进的观念转化为行为，必须优化教育生产过程，必须改进教育生产方式。

当前，学生的学习方式和学习方法亟待改进。相当一部分学生没有养成良好的学习习惯，使用的学习方式落后陈旧，导致学习效果不佳，"少慢差费"的现象大量存在，"多快好省"还只是一个梦想。"学会学习"是一个较高层次的教育目标，学生只有学会了学习，才能具有可持续的自我发展能力。学生掌握科学的学习方法，有利于减轻学业负担，提高学习效率，节省出更多的时间用于学生的自我、自主、自由发展。

学生在学习方式方面存在的问题，折射出教师教学和学校管理中存在的问题。某市关于中小学生课业负担的调查结果表明，教师比较缺乏对学生学习能力的培养和指导，而且随着年级增高，教师越来越不注意教给学生学习的方法。有47.7%的小学生认为教师在课堂中"很注意"教给学生学习方法，但只有31.8%的初中生和18.7%的高中生认为教师教了学习方法。[①]这要求教师特别是中学教师在教学中加强学习方法的指导，同时也要求校长和学校其他管理者关注并采取措施积极改进学生的学习方式。

教师的教学方式也需要改进。学生的学习方式不佳，往往与教师的教学方式不佳高度相关，善教的老师往往会教出善学的学生。某市关于中小学生课业负担的调查结果表明，学生对课堂教学的效率评价偏低，36.6%的学生认为老师照本宣科；24.1%的学生认为老师讲课随意，讲到哪儿就是哪儿；21.1%的学生表示老师会中断

---

① 刘莉，等. 中小学生课业负担现状调查报告 [R]. 2006.

教学，处理其他事务。① 这种状况对于学校管理的启示是：学校应该加大教法改革力度，加强教学研究和教法培训，推广先进教学经验，提高教师教学素养，把教师教学方式的改善作为教师专业发展的核心内容。

管理是为教和学服务的，学习方式和教学方式的变化必然要求管理方式的变革。学校管理方式变革的总体要求就是科学管理、民主管理、依法管理。这些和推进素质教育有什么关系呢？首先，学校不仅要教书育人，还应该管理育人，具有科学精神、民主精神、法治精神的现代管理方式会成为隐性课程，对学生产生潜移默化的重要影响，帮助学生形成现代人格。其次，科学管理、民主管理、依法管理是推进素质教育的管理保障。科学管理要求按照教育规律办学，把育人作为学校工作的核心，要求学校管理围绕学和教展开，服务于学和教，引领学和教在正确的方向上前行。民主管理要求干群关系平等、师生关系平等，要求教师、家长参与学校管理，要求倾听教师和学生的声音，而民主机制的最后目的在于增进教育教学的专业性，更好地促进学生发展，使教育更符合学生的长远利益。依法管理则要求学校贯彻国家的教育方针、教育法规，并制定具体的制度和程序予以保障。

学校管理怎样为素质教育服务：制度层面

学校管理要为素质教育服务，首先，要重点加强教学制度和评价制度的建设。学校制度可以分为核心制度和外围制度两类。学生的发展、教师的教和学生的学是学校最应该关注的问题，从这个意义上看，核心制度指的是对学生的发展、对学生的学和教师的教有直接影响的制度（如教学制度、考试制度、学生评价制度、校本教

---

① 刘莉，等. 中小学生课业负担现状调查报告［R］. 2006.

研制度、校本培训制度、教师评价制度等），而学校其他内部管理制度如后勤管理制度、社区参与制度等，都属于外围制度，它们都是为核心制度服务的。可见，核心制度是指最能体现学校特性、直接涉及学校使命的制度，即促进学生充分、全面发展的制度。这些制度关注具体的教与学的过程，关注学生、教师、学校的评价标准，关注学生的发展和教师的专业成长。这些方面最能体现教育精神和人文关怀，最能体现"以人为本"的科学发展观，最能体现现代教育的宗旨和追求。

评价制度是学校教育教学的指挥棒，直接决定着教育教学活动的导向。评价制度（广义的评价制度包括考试制度、学生评价制度、教师评价制度等）是学校制度中的核心制度的核心，建构现代学校制度必须首先从改革评价制度入手。虽然学校对学校以外的考试制度的改变无能为力，但学校在其权限范围内，应该根据现代的教育价值观、教育质量观、教育评价观、学生观、教师观去清理、重估和重建学校制度，建立符合素质教育要求的对教师和学生的评价机制，不以升学率作为评价教师的标准。

其次，要建立和健全教师和家长民主参与学校管理的制度。教师和家长参与学校事务的多少，可以反映出学校民主管理状况及学校的领导方式。2005 年底，我们就学校民主管理问题对某市中小学教师进行了问卷调查。80.2% 的被调查者认为教师应该参与学校管理，18.1% 的被调查者认为教师参与学校管理比较有价值，只有1.6% 的被调查者认为教师参与学校管理不太有价值。可见，参与学校管理是广大教师的愿望。

但是，对于"您所在学校教师参与学校重大事务处理的机会多不多"这个问题，认为机会"比较少"的占 44.1%，认为机会"非常少"的占 17.6%，两者累计为 61.7%，说明学校的领导者在管理中还没有充分尊重教师的意见，学校的民主管理状况还不理想。与之相关，仅 23.7% 的教师认为和校长的沟通"较多"或

"很多"，而高达43.7%的教师认为"与校长沟通较少"甚至"没有沟通"，只有18.4%的教师认为和校长的关系"较为融洽"或"很融洽"。对于家长参与学校的管理事务，高达75.1%的教师认为家长们"不太参与"或"基本不参与"，认为参与"比较充分"的占22.4%，认为"很充分"的仅占2.4%。①

可见，教师和家长参与学校管理问题不少。因此，应该通过建立现代学校制度，加强教师和家长参与学校管理的力度和深度，并建立相应的规章制度，使民主参与制度化、规范化。民主管理制度是一种利益表达机制和利益调节机制，加强学校的民主管理，有利于建设和谐社会、和谐校园。更重要的是，管理的民主化与管理的科学化有着内在的联系，民主制度通过程序的理性化来保证决策的理性化，本质上是一种程序化了的纠错机制和权力制约机制，它集纳许多人的智慧而不是只服从一个人的想法。扩大民主参与的目的不在自身，而在于增进学校管理对教学问题和学生发展问题的关注，提高管理的科学化水平，进而提高教育教学质量，更好地促进学生的全面发展。

最后，建设学校制度时要关注制度伦理，即关注制度背后的伦理精神、道德趋向和价值基础。管理是手段，制度则是管理的手段。制定学校规章制度的最终目的是促进学生的全面发展。因此，学校制度应该有一个灵魂，应该有一个很高的伦理标准，要看每一条制度能否直接或者间接促进学生的发展。应该考虑制度是为什么服务的，不能为编制度而编制度。应该对现存的每一条学校制度予以清理和重估。

尤为重要的是，建立制度和规则不是为了控制人，不是要把人管住，而是为了解放人，让学生和老师更加自由。英国哲学家和教育家洛克说：不管会引起人们怎样的误解，法律的目的不是废除或

---

① 王建艳. 中小学校内部管理现状调研报告［R］. 2006.

限制自由，而是保护和扩大自由。① 学校制度的目的与之相似，就是说用这种制度，树起一道墙，在墙的里面，给教师更多的教的自由，给学生更多的学的自由。学生有学的自由，是指给学生的精神活动以充分的空间，让他们可以思考、想象、发问、探索、欢笑、苦闷，而不是用考试和分数压抑他们的成长。教师有教的自由，即教师有教学自主权，他们可以自由选择他们认为最恰当的教学方法，安排组织具体的教学过程，决定出什么样的思考题，决定怎样稳步地建构学生的精神世界，而不是整天为提高所教班级学生的分数寝食难安、忧心忡忡。这样，学生才会有学的乐趣和成长的欢乐，教师才会有教的乐趣和工作的幸福，他们的人生才会更有意义和价值。

(原文发表于《人民教育》2006 年第 8 期)

---

① 博登海默. 法理学：法律哲学与法律方法 [M]. 修订版. 北京：中国政法大学出版社，2004：299.

学校特色建设要谨防"剑走偏锋"

　　某大城市的一位区教育局局长曾经找过我，希望我带领专家团队为该区百所小学的每所学校都提炼出四个字或者八个字的办学特色，使得百所学校互相之间都不相同，"一校一品"。我断然拒绝了。我认为，小学是基础教育的基础阶段，互相之间哪有那么多的不同？何况还是同一区域内的小学。刻意地为这些学校贴上四字或者八字的标签，既显得简单粗暴，也不符合学校发展实际，更背离了小学教育的共性追求和基本规矩。

　　我国学校特色建设在政策导向上的起点是 1993 年《中国教育改革和发展纲要》的要求："中小学要……办出各自的特色。"此后，全国各地兴起了建设学校特色的热潮，也取得了诸多时效与实效。人们一般把学校特色理解为"人无我有，人有我优"的学校亮点与优势，主要体现在办学理念、学校文化、课程建设等方面。学校特色建设对于每一种类型的学校，都发挥了重要的工具性价值，如让薄弱校找到了办学的突破口，让普通校找到了发展的生长点，让优质校走出高原期形成"新优势"。同时，学校特色建设也的确让学生们享受到更优质化、集约化的教育资源，让学生受益匪浅，彰显了其内在的育人价值。

　　但是，当前学校特色建设中也出现了一些问题，主要表现在以下四方面。

第一，过于强调"差异性"，为特色而特色，为不同而不同。有些学校淡化、忽视甚至无视基础教育阶段的基础性和学校间的共同性，如为与他校不同而给自己强贴标签，过度强调自身的"××教育"特色。实际上基础教育与职业教育、高等教育不同，后两者可以强调其不同专业的差异性与特色，基础教育则必须强调其共同性和基础性。

第二，过于追求与"其他学校"的不同，偏离了"自己学校"的核心目标与核心追求。为了与"众"不同，有些学校挖空心思寻觅"新词""新标签"，使得教育中泡沫泛滥、包装盛行，助长了形式主义，戕害了实事求是、以人为本的好风气。一些学校的眼光过于向外、向上，而不是向内、向下。其实，对于一所学校而言，最重要的问题不是"我校与其他学校有什么不同"，而是"我校学生发展得怎么样"。

第三，让学校特色过于"泛化"，对学校特色解读过度，以偏概全。有些学校试图用某一种文化、某一种特色把全校工作全都罩住，以之涵盖学校整体和全局工作。这种做法，夸大了特色建设的价值，僭越了特色建设的边界。实际上，特色建设只是一种手段，只是学校工作的一个方面，其"单一性"特征难以覆盖学校工作的全面性、复杂性。以某种特色去拉动学校的整体育人工作，难免会有"小马拉大车"的无奈与无力。

第四，让学校特色过于"强化"，企图把某种特色做大做强，以致喧宾夺主。特色建设成为学校的第一要务，导致特色建设占用过多教育资源，使得学校特色"野蛮"生长，一枝独秀，导致大树底下不长草，扼杀了学校教育的多样性和丰富性，不能满足学生多样化的兴趣和爱好发展之需求。教育的对象是个体学生，不是个体学校，学生的"个性发展"比学校的"特色发展"更重要。如果学校的特色建设阻碍了该校学生多样化的兴趣与爱好的满足，把所有学生都强制性地纳入某种特色中，那么这种特色就是有害的。

一所学校不论大小，都要给学生提供多样化的课程和活动选择，切忌以单一特色替代多样选择。要给孩子提供尽可能多的选择与尝试，让学生发现自我，形成自己的兴趣。区域层面要求"一校一品"未必是好主意。因为学生兴趣爱好的多样性不能与"一品"形成对应关系。我们应该倡导的是"一校多品"。在一所学校内部，可以没有某种特色，但不可以没有丰富性。在此意义上，某种单一的特色并非全体学生的必需品。一枝独秀不是春，万紫千红春满园。我们要谨防文化专制的发生，坚决反对用单一特色取代多样性的错误做法，避免以单一消灭多元。

因此，学校特色建设有其正面作用，但也容易剑走偏锋。学校管理者尤其是校长，一定要保持清醒的头脑，明了特色建设的优势与局限，不敷衍应付，也不过度用力。教育行政部门则不要过于强化和夸大学校特色建设的作用，不要误导学校，要引导学校更多地关注本校学生的个性发展和全面发展，而不仅是本校与其他学校不同的"特色发展"。

（原文发表于《中小学管理》2017 年第 5 期）

学校特色建设能否有效促进学生个性发展？

　　世人对学校特色建设的合理性论证，大多从两个方面展开：其一，学校特色建设对于学校发展具有工具价值，尤其对于普通校和薄弱校的发展助力不小；其二，学校特色建设对于学生个性发展具有促进作用，一些学校的特色项目或课程的确让一些学生的兴趣爱好得到满足，促进了其个性发展。

　　不同的学生具有不同的兴趣爱好，具有不同的教育需求，这就要求学校提供多样化的教育。从教育多样性视角看，我国的教育问题多多。不少地方教育行政部门为解决"千校一面"问题，提出"一校一品"的学校特色建设要求，理由是孩子们兴趣爱好的多样性要求学校特色的多样性。这个理由貌似有理，实则无理。因为一名学生只能在一所学校就读，只能享受到所在学校的一种"特色好菜"，其他学校的"好菜"他吃不到。而且很可能他所在学校的"特色"未必是他喜欢的。

　　实践表明，学校特色建设未必能促进学生个性发展。具体表现在以下几方面。

　　其一，某些教育行政部门在区域层面推进"学校特色运动"，学校"被特色"。有些教育行政部门主动帮助学校找"特色"、通过挂牌定"特色"，为特色而特色，短期内"造就"了大批"模式化"的特色学校。这些学校尽管声称具有"特色"，但往往只是"标签"不同而已，其本质上是另一种形式的"千校一面"。

其二，有些学校让所有学生都选择"一品"即某个特色项目，学生"被特色"。有些学校在"一特遮百丑"观念的支配下，要求所有学生训练同一项目，发展同一特长，其结果是可能给学校带来许多"荣誉"，但违背了教育宗旨，扼杀了学生个性，牺牲了学生多元化发展的可能。其本质上是另一种形式的"千人一面"。

其三，某些学校特色，如体育特色、艺术特色，只面向少数学生特别是特长类学生而不是全体学生，很多学生的个性化发展需求得不到学校的有效关注和支持，导致学生发展机会不均等、获得资源不平等。

可见，在基础教育阶段，学校特色建设不能够促进一所学校所有学生的个性发展，这是由学校特色的本质特点和"内在缺陷"所决定的。"人无我有，人有我优"的所谓学校特色建设不是学校的根本工作，不是基础教育的本质要求。基础教育的根本特点是基础性，是学生素质的共性要求，不同于专业划分细致、培养规格因为专业而不同的职业教育和高等教育。

因此，尽管 1993 年《中国教育改革和发展纲要》要求"中小学要……办出各自的特色"，需要引起注意的是，《国家中长期教育改革和发展规划纲要（2010—2020 年）》关于学校特色问题的相关阐述虽然很多，但全文中没有一次明确涉及义务教育办学特色问题。从政策文本来看，尽管没有明令禁止，但国家似乎不再倡导义务教育阶段的学校特色建设。

学校特色建设不是基础教育阶段学生个性发展的必要条件，"一强独大"的"一校一品"特色反而会阻碍学生的个性发展。

促进学生的个性发展，要面向全体学生。促进"全体学生"的个性发展，要点有二。

第一，给学生更多的选择，尊重学生的选择权利。没有选择就没有自由，就没有兴趣爱好的满足。兴趣是最好的老师，做自己感兴趣的事情不会倦怠、不会感到负担重。把学生捆绑在考试的战车上，进行单一单调的训练，为考而教而学，不能促进学生的全面发展与个性发展。让所有学生都屈从于某一种"特色"训练，同样不能促进学生的全面发展与个性发展，甚至泯灭个性、戕害人性、违反人道精神。因此，一所学校不论多么小，都要给学生提供多样化的课程和活动供其选择。切忌以单调的应试教育或者单一的特色活动替代多样选择。

第二，让学生更多地发声，尊重学生的民主权利。学校和教师要通过多种方式了解学生的实际需要，了解学生的兴趣与爱好，不要一厢情愿地"为民做主"、为学生做主。学校要建立健全学生参与学校民主管理的机制，让学生在学校管理、教学以及校园生活中有更多的话语权，让他们敢于发声、善于发声。学校要积极吸收学生的意见和建议，要深刻认识到"学生个性发展"比"学校特色建设"更重要，学生的声音比上级的要求更重要，积极采取多种方式为学生提供丰富多彩的课程和活动供学生选择，促进学生的个性发展。

"更多的选择，更多地发声"（more choice，more voice），这是21世纪教育改革的强烈呼声，体现了自由精神与民主精神，是促进学生个性发展的指导原则，学校特色建设不能与此背道而驰。

（原文发表于《中小学管理》2017 年第 6 期）

警惕教育中的"伪创新"与"真折腾"

在当下的中国，"创新"是热词，各方面都很提倡。"创新"总是与"改革"连在一起，但实际中的一些所谓的改革和创新，却名不副实，实际上是伪创新、假改革，本质上是瞎折腾。

到各地教育局和学校看看走走，感觉基础教育领域的"创新"不是太少，而是太多。改革后浪推前浪，前一个改革立足未稳，后一个就接踵而至。各种新名堂、新说法、新概念层出不穷，花样迭出，"创意"无限。尤其在学校特色建设"运动"的推动下，中小学为做到人无我有，各显神通，挖空心思提出多如牛毛的各种"××教育"，以彰显自己所谓的"特色"。如果统计一下，那么估计会有几百种"教育"，有些提法实在让人瞠目结舌、出乎意料。

我曾经参加过一个地区名校长培训工程的结业汇报，听十几个当地最好的校长讲了一整天各自的"××教育"特色。最后感觉尽管标签不同，实则没有多大差异，都是学校那点事儿，就看谁更会说、更会包装、更会"忽悠"。如果把这些文字表述不同的"特色"互相"张冠李戴"一下，那张家特色的帽子与李家特色的身子合在一起，似乎并无违和感，好像也都能说得通。

早在 2003 年，吕型伟先生就曾指出："我一直在思考，到底什么叫创新？近年来在改革与发展的大潮中，形式主义与浮躁的现象相当严重，我称之为'浮肿病'与'多动症'，口号不断翻新，模式层出不穷，仔细去检查一下，除了向你展现那一点形象工程以外，大都是文字游戏，其实一切照旧。"① 可见，伪创新、假改革并不始于当前，而是早已有之，但当下尤甚，教育中形式主义包装的劣根性依然根深蒂固。

什么才是真创新？创新有两个关键特征，即新颖性与有用性。新颖性指与众不同有新意，有用性指有社会价值，后者更为重要。网络诈骗在技术上无疑具有"新颖性"，但却危害社会，不具备"有用性"，所以算不上"创新"。

按照这两个标准衡量，一些所谓的改革与创新，与创新的本质相去甚远，根本算不上创新。有的是没有实质内容，主要是文字游戏，新瓶装旧酒，不具备新颖性；有的尽管具有新颖性，但是违反教育常识，违背教育规律，劳民伤财，不具备有用性，实为"伪创新""真折腾"，基层教师对此深恶痛绝。

既然伪创新、假改革弊端多多，那为什么还能在实践中层出不穷？为什么一些局长和校长还乐此不疲？

原因之一是无知者无畏。如有些人认为与众不同就是创新，而创新必然是好的，对什么是真正的创新并没有深刻认识，对伪创新的危害没有深入认识，无知导致无畏，结果什么样的主意都敢拿，什么样的事情都敢干。也可能刚开始提出某种"创新"与改革招数时，心里还很不踏实，但讲得多了，自己也信以为真了，以为真是创新了。

原因之二是迎合上级。上级尤其是政府部门要求不断改革创新，学校被逼无奈只能为赋新词强说"新"。有的学校认为，创新就是不一样，就是变化，至于该变不该变、变了之后利大还是弊大，暂且不管，先变了再说，这样就可以给上级交差、向外界宣传。

---

① 转引自吕型伟. 教育事业·教育科学·教育艺术［M］. 北京：人民教育出版社，2011：584.

原因之三是同行压力和从众心理。别的地区、别的学校都纷纷抛出自己的特色与创新，既有新概念又有新框架，既有图表又有数字，说起来一套一套的；自家什么都没有，感觉不好意思，也只能随大流"整"一个。

原因之四是教育成效的缓释性。有些领域新做法的正面或者负面效果会立马呈现，如在医药领域是不敢随便给人吃"新药"的，因为搞不好会吃死人。而在教育领域，即使推行的是伪创新、假改革，让学生吃了"教育改革的假药"，也不会立刻出人命，这就给"浑水摸鱼"留出了一定空间。

现在跨地区研修交流活动比较多，有的局长、校长学习回来，不顾及校情差异和区域差异，照搬外地外校做法，其用意是好的，但效果不佳，开始轰轰烈烈，最后不了了之，典型的虎头蛇尾。不过对于某些地方和学校而言，有开始时的轰轰烈烈就已经足够了，因为已经吸引到眼球了，已经名声在外、收到所谓的"实效"了，至于有没有"长效"、学生们将来能不能有"实际获得"，都已不再重要。

外行看热闹，内行看门道，明眼人都清楚此中缘由，一些校长未必糊涂，教育局的行政人员也很精明，这种现象成为彼此心照不宣的游戏，只不过入戏深浅不同罢了。但有人入戏太深出不来，最后也可能受害最大。

如何从伪创新中走出来？要点有二。其一，在求实中创新，把"有效性"特别是对于学生发展的有效性作为教育改革与创新的出发点和归宿点，切忌"为创新而创新"。要树立正确的政绩观，形成正确的教育观和"创新观"。其二，不论是局长还是校长乃至教师，都要节制自己的权力，不能有权就任性。瞎折腾基本都是有权者搞出来的。教育者要不断学习，要调查研究，要了解民情民意，用理性精神和民主精神挤掉教育创新与改革中的泡沫。

（原文发表于《中小学管理》2017年第3期）

告别教育中的"伪创新"与"真折腾"

在一些地方和学校，基础教育中的伪创新、假改革表面上轰轰烈烈，实际上华而不实，貌似很创新，实为真折腾，浪费资源，耗费时间，误人子弟。教育改革只有走出此种误区，教育才能健康发展。走出误区的关键是求真务实，一是要形成"科学"的认识，对教育创新是什么、有无必要形成正确认知；二是要用"民主"来节制和约束任性的权力，不让某些有权者以创新的名义"绑架"教育。

不论国家层面、区域层面，还是学校层面的改革创新，相关人等首先都需要形成正确的认识，树立正确的教育创新观。

第一，真正的"教育创新"并不容易，不要轻言、妄言自己所为就是教育创新。创新必须同时具有新颖性与有用性两个特征。不新颖，新瓶装旧酒式的换包装、贴标签，不是创新；新颖但无用甚至有害，也不是创新；既不新颖又有害无益，就更不是创新了。许多所谓的教育创新，既不新颖又有害无益，是典型的伪创新、真折腾。知道什么是真正的创新，才能对创新有敬畏之心，才不会出现无知者无畏的怪现状。

第二，不要迷信教育创新，有些教育创新并不必要，要考量创新与改革的成本问题。即便有些做法同时符合新颖性与有用性两个标准，但如果比已有做法所耗资源还要多，那么这种创新也不值得采纳。教育创新只是手段不是目标。实现同样的目标，如果用平实的、已有的手段就可以达成，那么就没有必要非得挖空心思去创新不可。

第三，有用比新颖更重要，有用不新颖的老做法比新颖无用或者新颖有害的新做法更有价值。一定要把有用性特别是对于学生发展的有效性作为教育改革与创新的出发点和归宿。有些做法很有用但不新颖，不属于教育创新的范围，但对于学生的全面发展、个性发展更有价值，因此也更值得采用。有些所谓的"创新"固然非常"新颖"，但只求新颖性，不求有用性、实效性，甚至"新颖"到违反教育常识的地步，它也没有多少实际价值。教育常识非常宝贵，不要轻易去推翻和颠覆教育常识。

第四，"拿来主义"并不丢人，凡事都想与众不同反而可笑。把别人的好做法、本地的好做法能"拿来"就不错了。看不起"拿来"，老想世界第一、填补空白，以致"创新主义"盛行，着实可笑。不要刻意与众不同，要善于借鉴借力。教育中很多好的做法早已有之，对于大多数学校而言，能把这些好做法充分借鉴和使用就已经足够。

第五，不要"伪创新"，但要"微创新"。教育改革切忌大起大落、一惊一乍，教育经不起这样的折腾。我们需要循序渐进的小改革、微创新。这种改革与创新并不轰轰烈烈，但却扎扎实实。

总之，我们要树立正确的教育创新观。教育创新要正本清源。本源何在？育人为本、以人为本。我们要处理好手段与目标的关系，教育创新只是手段，最终要服从于、服务于学生发展和教师发展这个目标。教育是否创新其实并不是最重要的，最重要的是培养出具有创新能力、社会责任感的各类人才。我们最怕的是教育手段花里胡哨，培养出来的却是平庸之人。我们千万不要把师生尤其是把学生当成道具甚至工具折腾不休。我们在创新时必须牢记：人是目的不是工具。

上述对教育创新的"科学"认知与理性判断，是走出教育中"伪创新"的认识基础。而"民主"则是科学认知与理性判断的保障，民主参与能约束任性的权力，能有效遏制自上而下的"伪创新"与"真折腾"，是走出教育中"伪创新"的制度保障。具体而言，其要点有二。

首先，要约束地方政府的权力，尤其是主要官员的权力。有权就任性是"伪创新"与"真折腾"层出不穷的重要原因。许多所谓的创新是政府部门自上而下强力推进的，学校不得不做。政府权力运作需要理性化，政府需要发扬民主，在决策时充分听取各方建议尤其是学校的建议、专家的论证，避免随意创新。当权者要深入基层开展调研，研究学生和教师的生存状况与发展需求，了解民情民意，多问计于民。

其次，要约束学校的权力，尤其是校长的权力。学校里的形式主义并不都是政府的官僚主义逼出来的，有时学校自身尤其是校长个人也是教育"伪创新""真折腾"的始作俑者，校长个人一言九鼎、追求政绩，"创意"无限，广大师生则不堪其苦。学校需要建立健全民主参与机制，让教师、家长、学生、专家广泛参与，使得决策更加合理和优化。

只有科学精神和民主精神，才能使我们的教育走出"伪创新"和"真折腾"的误区。

（原文发表于《中小学管理》2017 年第 4 期）

教育中的自由与民主何以必要

创新精神和创新能力不足，是我国学生素质甚至国民素质的短板。自由是创新的基础，自由孕育创新；民主是自由的前提，民主带来自由。

自由是创新的基础

自由的价值

人的自由是社会整体现代性的根本特征。自由是人的尊严和价值的确证，增进人的自由是教育光荣而神圣的使命。

首先，自由与依附性相对。前资本主义时代的依附属于人身依附，注重社会等级，强调权力本位、义务本位，而非权利本位，法律调整以确认等级依附关系为基本目标；资本主义时代的依附是人对物的依赖，经济关系具体表现为商品交换关系，承认个人利益追求的正当性与合法性，确定私有财产不可侵犯、契约自由、法律面前人人平等，确立了政治民主制度，等等。但是，由于个人的自由和独立是以对物的依附性为基础的，所以人们更加受到物的力量的控制。对于人的依附、对于物的依附，使人处于不自由状态，受控于外部的威胁或者利诱，人不是自己的主人。因为依附而产生的行为，是外部力量所驱使的行为，人的内在动机不能得到充分激发，人的潜能不能得到充分实现。除了这两种外力，人的行为动力还有更高贵的东西，这些东西是发自内心的，包括兴趣、爱、信仰等。人只有出于这种动力，才能处于一种自我状态，进而进入自由、自主状态，随之人的潜能才会得到充分发挥和实现。现在为什么有些孩子对学习没有兴趣？因为有考试压力，孩子们对分数形成依赖和依附，学习不是发自内心的兴趣与热爱。这是被动学习，在这种学习中学生失去真正的自我，也缺失内在的动力，难以培育出积极性、主动性和创造性。

其次，自由是人的主体性的表现。现代人的主体性表现为积极性、自主性、创造性。人们难以想象，一种非主体的存在、无主体性的存在将会是怎样的存在。如果我们就是这种存在，那么这种存在是否还有意义？教育的使命是培育和弘扬学生的主体性，让学生的生命力更加畅旺。

最后，自由是创造性发展的前提，即自由孕育创造。没有自由自主的空间，孩子很难形成兴趣，没有兴趣就没有真正的学习。其实，我们现在的很多家长经常剥夺孩子的时间，以一种控制的方式去管理孩子的行为，这极大地压抑了他们的天性，遏制了其创造性的开发。

教育与人的自由

教育培养"自由人"，即培养有自由精神的现代人，而不是唯唯诺诺的"臣民"和"顺民"。联合国教科文组织的报告《学会生存——教育世界的今天和明天》中指出，教育的目的在于使人成为他自己，变成他自己，应该把"学习实现自我"放在最优先的地位。教育要把一个人的体力、智力、情绪、伦理各方面的因素综合起来，使他成为一个完善的人，成为他自己文化进步的主人和创造者；教育要解放人的才能，挖掘他们的创造力；教育要弘扬学生的独立自主性，教育要解放孩子的潜能，发掘孩子的潜能。联合国教科文组织的另一份报告《教育——财富蕴藏其中》中指出，教育的基本作用，似乎比任何时候都更在于保证人人享有他们为充分发挥自己的才能和尽可能牢牢掌握自己的命运而需要的思想、判断、感情和想象方面的自由。在教育中，自由是目的，也是手段。就手段而言，学生只有充分发挥了主体性、自主性、创造性等，才能更好地实现全面发展，自由是人的潜能和创造性得以充分发挥的重要条件。

反观我们的教育，孩子们刚进学校的时候好奇心很强，但是读书越久，变得越"死气沉沉"，我在想我们的教育到底是诲人不倦，还是"毁"人不倦呢？归根结底，教育的目的不是束缚人和压迫人，而是人的自由和解放。

教育自由

教育自由即教育实践活动的自由与自主。教育自由有两个层面的意思：其一，整个教育系统（包括教育行政系统）相对于其他社会子系统所具有的自主性，这种自主性是相对的，但在我国却是稀缺而珍贵的；其二，教育系统内部不同教育主体所具有的自主性，如教师的教学自主权、学术自由权，学生的教育选择权、学习自由权、表达自由权，以及学校的办学自主权，等等。

讲学生的自由权，我觉得要先讲选择，因为没有选择就没有自由，当然我所说的这个选择不是指择校，而是孩子进入一所学校以后还有没有再次选择的权利，选择丰富多样的课程，选择五花八门的社团活动、兴趣小组以及课外活动，来满足其多样化的需求。我的想法是，一所学校无论多么小，提供给孩子多样性的活动是很重要的。

教师有教学自由权或者自主权。教师的教学自主选择权是受法律保护的。课堂上的 40 分钟怎么过，教材怎么处理，教法怎么安排，是教师个人的事情，任何人都不得干预。我们的教师很听话，听主任的话，听校长的话。作为教育学生的直接主体，听话的教师很难教育出自由开放的学生，因此教师应该维护自己教育自由的权益。

学校也有办学自主权，校长主要关注的应是学校要获取更多的资源来实现目标。那么我们最重要的资源在什么地方？我觉得最重要的资源可能不是钱、不是物，而是精神资源。比如就教师来说，教师的爱心、教师的热情、教师的智慧、教师的勇气、教师的创造性，是我们办好一所学校最重要的资源。但如果没有一个宽松的环境，没有一种尊重的氛围，没有一种民主自由的体制机制作保障，这些资源也是无法生成的。孩子这方面也一样，在每一节常态课堂上，如果没有自由、民主、宽松的氛围，他们的热情、智慧、勇气、创造性也出不来。

这里有两点需要强调。在执法层面，法定的教育自由或权利需要落实。如学校的办学自主权已经喊了多年，但一直没有得到真正的落实，使得学校缺少自由，进而使得学校的管理者和师生也难得自由。在立法层面，法定的教育自由或权利需要拓展。在权利时代，在经济、政治、文化等社会条件越来越成熟的情况下，应该把一些还没有被法律承认的应得自由（亦即利益和权利）纳入法律框架中，通过法律手段予以确认和保护。

民主是自由的前提

自由带动创新，那么谁带动自由呢？民主带动自由。教育自由的保障是民主主义，是教育民主尤其是政治民主。民主是自由的前提，以民主来促进自由，以民主来捍卫自由。对于学校是否喜欢民主管理，曾经有一个讨论。一所北京学校的校长说，其实想要提倡民主，放开话语权，但是很多时候教师和家长们的要求又没法达到。放开了以后，该怎样去解决问题，给教师话语权了，怎么去做？给家长话语权、给学生话语权了，又怎么去解决问题？会涌现出很多的声音，所以就形成了一个两难的局面。这一现象说明学校的民主还有很大的发展空间。

就教育民主而言，我认为包括两个方面：刚性的民主管理制度和柔性的民主生活方式。在教育中，刚性的民主管理制度是指教师、家长、学生、社会人士广泛参与教育决策的制度，管理团队集体决策的制度，以及相关的教育管理信息公开与监督制度，等等。其中，"参与决策"并实行"少数服从多数"原则是民主的本意，是教育民主的核心内容，不容偏离与置换。教育民主最通俗的解释是"教育事务，由民做主，一起决议"。柔性的教育民主指的是一种生活方式和道德精神。我觉得柔性的教育民主应该像空气一样，弥漫在学校的每一个角落里。刚性民主与柔性民主都很重要，不仅要在教育管理中建立健全各种民主决策制度、扩大决策范围，而且要在干群之间、同事之间、师生之间、学生之间，建立、推进民主平等的关系。

学校中的民主应该包括四个方面：管理民主、教研民主、教学民主、班级民主。四个民主中后两个是更重要的，因为这两个民主是直接与孩子相关的，与孩子的"实际获得"相关。教学民主体现在课堂上，就是教师对孩子是宽松的，他把话语权归还给孩子，让孩子说话，畅所欲言，言无不尽，不受打压，让孩子感受到民主带给他们的自由。

关于民主与能力的关系，我们做过讨论，发现结果很有意思。都说教学民主好，但是对于新教师而言，一个校长认为初期是不适合搞民主教学的，因为他把握课堂秩序的能力较差，一旦放开了，课堂就乱了。这个校长就建议教师教学的前五年，还是进行传统的控制型教学比较好。等五年后，教师成熟了，把控课堂纪律的能力提高了，再放开搞民主教学。但是另一个校长说，有可能五年过去之后，这个教师形成思维定势，就放不开了，不如一上岗就放开。有个校长问，童言无忌，万一有的孩子提出的问题特别天马行空，教师回答不上来怎么办？我说谁规定了教师必须能回答以及会回答孩子提出的问题。同样的五年，教师用传统控制型教学形成的素质和用开放民主型教学形成的素质，哪个较高呢？我认为是第二个。因为实施民主型的教学，教师可以在这个过程中不断地获得学生的反馈信息，听到孩子的诉求和心声，就会不断地学习，不断地提高和进步，知识和素养都变得更宽和更强。所以我的结论是什么呢？民主能够促进主体性的提升，会给一个人带来正向的刺激，带来压力，同时也带来动力。民主具有强大的育人功能，民主本身就是一种最好的教育。

推进民主的几个关键问题

提高参与度

参与教育治理的主体范围越宽，各类利益相关者的代表性和话语权越充分，对于管理事务的参与程度越深，就越能代表民意民情，多元利益就越能得到充分表达，治理的民主性就越高，最后，善治的程度也就越高。在教育治理中，行政相对人和弱势群体的参与至关重要，这种参与对于遏制教育行政权力、保护弱势群体权益具有重要价值。比如说家委会构成，不能只是让"有头有脸"的家长当家委会成员，要有充分的代表性。如果某个班级学生中进城务工人员随迁子女（以下简称随迁子女）占80%，家委会成员中随迁子女的家长就应该占到80%，否则家委会的决策可能会侵害随迁子女的利益或者决策不切实际。又如，家委会组织做出任何决定和建议时都不能只让所谓的"土豪"家长来发声。就拿春游来说，经济条件较好的家长可能会建议出国或者去消费水平较高的地方游玩，但是一些经济基础差的家庭可能会因为无法承担费用而选择放弃，这对孩子的历练和交往都是不利的。就个体而言，教师、学生、家长的参与对于维护师生权益具有重要价值。

增加透明度

透明度是指教育治理信息的公开性。教育利益相关人和社会公众对于教育治理信息享有知情权，有权利获知政府信息和学校信息。这些信息包括招生、课堂、教学、人事、预算、支出、学生资助、就业等。信息透明度越高，政务公开和校务公开越充分，多元治理主体就能越有效地参与治理，并监督治理过程。信息透明度高，还有助于防治教育腐败，提高治理的廉洁程度。

追求新秩序

秩序意味着稳定性，意味着安全、安定，以及有条不紊的状态。教育秩序包括教育教学秩序、教育从业者工作秩序、教育管理秩序等等。没有这些秩序，教育工作将无从开展。教育治理的初级价值或者说基础性目标就是定分止争，规范教育行为，为教育带来秩序。但善治所追求的不是专制秩序，而是民主参与所带来的充满活力的秩序。教育治理要谨防大起大落，"大乱出大治"的思路不适用于教育领域。

学校不能因为追求秩序而牺牲学生的发展和学校的自主，进而牺牲教育的公平和质量。实际上，这种牺牲在我国各级各类教育管理中并不鲜见。当前，我们需要特别关注和处理好"秩序与发展"的关系。与传统的管理和统治相比，治理将不再以防范和消弭矛盾、维护秩序为首要任务，而是要致力于实现"秩序"与"发展"主题的对接，要跳出"维稳"怪圈，使稳定与发展真正成为一个良性循环的过程。

追求真效率

善治必定是有效率的治理。教育治理的效率是指教育治理活动中投入与产出的关系。教育治理本身由于多元主体的参与，需要更多的沟通、协商，决策过程也更为漫长，容易导致"管理"本身的低效和无序。但民主是一种理性化、制度化的纠错机制，它有助于形成共识，达成科学决策，从而有利于决策的执行，并最后带来教育的"长期效率",即反映个体发展与社会发展需求、反映公平诉求的效率。民主带来的决策可能不是最好的,但肯定不是最坏的。

我们国家发展的推动力,之前是源于民族主义,来自外部的压力使得国民不得不救亡图存。现在我觉得应该是民主主义,也就是发挥内部的潜力,通过启蒙,用民主释放每个人的活力和潜力,以民主精神孕育自由精神,再以自由精神孕育创新精神,养育中华民族的元气和生机。英国思想家穆勒在《论自由》中言道:"从长期来说,一个国家的价值就是组成这个国家的个人的价值;一个国家如果为了要使它的人民成为它手中更加驯服的工具,哪怕是为了有益的目的,而……使人民渺小,就会发现靠渺小的人民是不能完成伟大的事业的。"[1] 教育现代化的本质是培养现代人,现代人是具有主体性的,最伟大的人是主体性达到顶峰的人,而主体性达到顶峰的表现就是创新性。

要有创新必须先有自由,要有自由必须先有民主,所以说教育中的自由与民主是非常必要的。

（本文系作者 2016 年 4 月 8 日在中国教育科学研究院"杏坛讲座"
上的报告节录,原文发表于《中国德育》2016 年第 8 期）

---

[1] 布洛克. 西方人文主义传统 [M]. 北京:生活·读书·新知三联书店,1997:163.

以现代文化滋养师生心灵

　　文化有广义与狭义之分。广义的文化包括器物（物质）层面、制度层面和价值层面。器物层面看得见摸得着，制度层面落在纸面上，而价值层面则看不见摸不着。三者中，价值层面最为重要，制度与器物层面的文化都是价值层面文化的外化。而狭义的文化就是指价值层面的文化。本文所言的文化，是就狭义而言的，指的就是价值观层面的东西。

　　《文明的冲突》的作者亨廷顿，与他人合编了一本书，英文书名很简洁，就叫"Culture Matters"，直译成汉语，就是"文化至关重要"。这本书已经有中译本，遗憾的是，书名被译为《文化的重要作用》，失去了英文标题用主谓结构表述所具有的气势。此书还有一个副标题"价值观如何影响人类进步"。这本书主要论述文化如何影响社会发展，尤其关注如何影响经济发展与政治发展。亨廷顿认为，"文化若是无所不包，就什么也说明不了"。该书把文化界定为"一个社会中的价值观、态度、信念、取向以及人们普遍持有的见解"。① 本文非常认同这种界定，并把这些东西如态度、信念、

---

　　① 亨廷顿，哈里森．文化的重要作用：价值观如何影响人类进步 [M]．北京：新华出版社，2002：序言 3.

取向等都用"价值观"一词予以涵盖。

文化对于学校发展至关重要，我国的校长专业标准规定了校长要做的六项工作，其中第二项就是学校文化建设。但是过去和当下的学校文化建设并不尽如人意，不少学校的文化建设出现了标签化、浅表化、形式化的现象，甚至出现了庸俗化、商业化的问题。一些学校把文化建设与学校特色建设一起推进，提出了名目繁多的"×文化"如树文化、山文化、水文化、松文化、竹文化等等（请读者切勿对号入座，因为上述每种文化在全国可能都不止一家）。这些做法与探索，不论是否牵强附会，都饱含美好的想象与希冀，乃至从实际效果看未必是负面的。但这些学校文化建设可能存在的弊端是，没有触及文化建设的根本问题，主要表现在没有触及深层次的现代价值观问题，没有把现代价值观真正渗透到、融会到学校生活的方方面面。

学校文化建设需要以现代文化即现代价值观来滋养师生的心灵，来涤荡陈腐的文化或价值观。现代文化是指能体现现代精神的价值观，如自由之于压迫（负担过重也是一种压迫）、平等之于特权、民主之于专制、理性之于蒙昧、法治之于人治，都属于现代文化、现代价值观的范畴。

本文主要从人道、民主、理性三个方面来阐释现代学校文化的外延，也可以从这些方面来检视学校文化建设的重点领域与实际效果。

第一，人道精神。在教育领域，不人道有诸多表现，在此不一一赘述。人道精神起码包括以下几点基本要求。（1）尊重师生的基本需求。政府与学校要正视、重视并尽力满足师生的基本需要，包括健康的需要、睡眠的需要、尊重与爱的需要等。（2）尊重师生的法定权利。包括我国宪法所规定的基本人权如休息权、受教育权、平等权等，我国教育法律所规定的学生权利，以及我国教师法律所规定的教师权利。（3）弘扬师生的主体性。主体性包括积极性主动性创造性，是人的生命活力的集中体现，是学生学习、教师教学的内在动力。主体性集中体现了自由精神，即让每个学生都得到自由与充分发展，让每位教师在工作中都人尽其才、不断创新。

人道精神中包含自由、平等、公正、尊重、友善、诚信、合作等诸多价值，但是人道精神的精髓如果概括为一句话，那就是：人是目的，不是手段。人道精神的道德要求是己所不欲勿施于人。在学校中，人道精神最直观的外在表现是相互尊重，说话和气。尤其是管理层与普通老师说话要和气，老师与学生说话要和气。人道精神要求能换位思考，有同情心与同理心。对于师生关系而言，教师要思考"假如我是孩子，假如是我的孩子，我会怎么教？"对于干群关系而言，校长与管理人员要思考"假如我是普通老师，我该怎么管？"

这些问题才是学校最该面对和解决的问题。人道精神直接关涉师生的生存与发展质量，关涉师生在校生活的幸福感与满意度，是衡量学校文化建设最重要、最内在的维度。与人道的要求相比，那些山水花草日月星辰之类的学校文化表达，可能就显得分量不够，甚至微不足道。

第二，理性精神。理性精神就是科学精神。理性的本质是"合理性"，是实事求是、尊重规律，反面是"不讲理"。学校是个教人讲理、教人追求真理的地方，因此，学校更应该是一个讲理的地方、充满理性光辉的地方。但是，学校里"不讲理"的现象时有发生，诸如：违反育人为本的基本教育规律，片面追求升学率，导致学生片面发展，从而影响学生当下的全面发展与一生的可持续发展；违反儿童身心发展规律，生吞活剥、盲目灌输抽象知识，教一些儿童不能理解的课程内容；行政部门官僚主义盛行，各种检查多如牛毛，学校只得以形式主义应对，让教师作假造假，甚至不得不"教学生作假"，与"求实""求真"直接对立；学校内部管理中存在有权就任性的现象，个别学校领导喜怒无常，令人无所适从，甚至违反基本的管理常识与教育常识；受到行政权力的不断干预，教师的专业自主权得不到保障，教学专业性得不到尊重，教育教学中有时出现随意性与情绪化现象，专业的声音、理性的声音被行政命令所抑制等等。

理性精神的底线要求是不作假，基本要求是尊重常识，根本要求是尊重规律。尊重规律就是要尊重教育教学的规律，尤其尊重儿童的身心发展规律，全面育人、立德树人；尊重规律就是要尊重教育管理的规律，就是要尊重教师的专业自主性，不能蛮干瞎指挥；尊重规律就是要尊重社会分工的规律，明确学校这种社会组织的主业是什么，政府和社会不对学校和师生提出超出学校所应为所能为的过分要求，让学校做学校最该做的事情，让教师能安安静静教书育人，充分体现学校这种社会组织的专业属性。

第三，民主精神。民主是人道的延伸，也是人道的保障。民主是"德先生"，科学是"赛先生"，二者常常联袂出现，民主会带来更理性更科学的决策，因此，民主也构成理性的保障。民主的关键是发声，是参与。然而，学校中的发声与参与还是不充分的。在学校管理中，教师的发声与参与不够，家长的发声与参与也不够，教代会与家委会的功能需要进一步完善。在教育教学和班级管理中，学生的发声与参与也是不够的。

发声与参与，有利于表达利益诉求，有利于增进相互了解与理解，有利于促进换位思考，有利于形成共识，有利于形成更为人道更为合理的建议与决策，这是其外在意义或者其功利价值。从内在意义看，发声与参与本身就是人道的体现，有利于形成师生对于学校的归属感与主人翁意识，有利于提升师生对于学校生活的满意度与自身幸福感，发声与参与本身就是美好生活的一部分。

民主精神的本质是尊重师生与家长的知情权、表达权、参与权、监督权等，涉及如何推进学校教育治理现代化的问题。除管理民主外，课堂教学民主至关重要，只有教学民主，才能让课堂焕发出生机与活力。尤其重要的是，民主不只是一种刚性的管理制度与固定程序，更应该成为一种基本的生活方式与道德追求。

学校文化建设事关人心变化，事关传统价值观向现代价值观的转变，实质上是心智模式的转换，与国民性的改造、与人的现代性的形成息息相关。文化建设的过程，就是重塑师生甚至家长的价值观的过程，甚至是改变"三观"的过程。文化建设比机构调整、制度建设更为艰巨，更难见成效，但却更为根本。

学校文化建设当"一日三省"：学校的价值文化导向，合乎人道吗？有理性吗？能做到民主吗？这是学校文化建设不能回避的三个核心问题。离开这三者的文化建设，都会流于细枝末节甚至无病呻吟，都不在主调上。

真正的深层次的文化，不在墙上，而在每个人的心中。

（原文发表于《中小学管理》2021 年第 8 期）

什么样的教育管理知识最有价值？

1985 年，北京师范大学创建了我国第一个教育管理学院，顾明远先生担任第一任院长，中国教育管理学术研究逐渐走上系统规范之路。1994 年，我从北京师范大学教育科学研究所博士毕业后留到教育管理学院任教，2004 年有幸成为该院第二任院长。浸润于教育管理研究与实践多年，我一直在思考一个问题：什么样的教育管理知识最有价值？

我以为，标准至少有二。

其一，对个人是否有用？能否更好地满足个人需求？

教育管理知识主要有两类学习者：一类是将成为或可能成为教育从业人员的学生们。教育管理现象纷繁复杂，教育管理知识是对于教育管理现象的系统认识。学生们大多涉世不深，教育管理知识将给予他们观察教育管理现象的理论视角和解决教育管理问题的方法与技术，赋予他们力量、智慧和勇气，让他们面对教育管理的实践问题和理论问题时，不再手足无措、一筹莫展。

另一类是广大教育管理实践工作者。这个群体在实践中积累了丰富的管理经验，但在就职前基本没有受过系统的教育管理知识的专业训练，他们不缺经验，缺的是对于教育管理系统的、有深度的理性认识。有价值的教育管理知识将给予他们一双理性的眼睛，使他们走出经验型管理的老路，踏上理性化管理的坦途，让他们的管理实践更具科学性。

教育管理知识的作用不止于此，其所提供的管理理论、方法和技术，同样有助于个人乃至其家庭的战略管理、目标管理、财务管理、时间管理等。这些知识会让你更上一层楼，一览众山小，会让你有一个更富智慧、更有效率、更加成功的人生。

其二，对社会是否有用？对教育是否有用？能否更好地满足社会需求、满足教育改革与发展的需求？

教育管理知识是有灵魂的，是有强烈的入世精神的。知识是手段，管理也是手段，教育管理和教育管理知识都是为教育发展、人的发展、社会发展服务的。教育管理的根本目的在于促进人的全面发展、个性发展和自主发展，在于促进社会的全面进步。我们需要的不是观念滞后、价值陈腐的教育管理知识，而是现代精神所统摄的、充满社会责任感的教育管理知识。我们要兴办的是现代教育，要培养的是现代人，要建设的是现代国家，因此，我们需要的是现代教育管理，要提供的是有助于兴办现代教育、培养现代人、建设现代国家的教育管理知识。

现代精神的本质是人道精神、科学精神、民主精神、法治精神。现代精神是有价值的教育管理知识的价值追求。

教育以育人为本，教育管理应该让人更幸福，让人更有尊严。教育管理不只是约束人，更要发展人、解放人。陶行知先生自问自答："中国要到什么时候才能翻身？要等到人命贵于财富，人命贵于机器，人命贵于权位，人命贵于一切。只有等到那时，中国才站得起来！"诚哉斯言。教育应该更多地为穷人服务还是为富人服务？是谁在占据着优质的教育资源？教育是否在复制甚至强化社会的不平等？教育和教育管理不能势利，不应该"摧眉折腰事权贵"，而应是"大庇天下寒士俱欢颜"。我们需要能够有效促进教育公平和社会公正的教育和教育管理。须知"野百合也有春天"，越是穷人，就越是需要被关注。

　　教育管理不能见物不见人、见钱不见人、见权不见人，教育管理也不能见"分"不见人。为考而学而教而管，学生千人一面，高分低能。他们的学习、成长、发展，是被学习、被成长、被发展，他们没有自主的时间，没有自由的空间，不仅心理健康水平不高，身体素质和创新能力也同样不容乐观。如此管理，误民误国，伤了学生的元气，也伤了中华民族的元气。教育管理需要为学生的一生幸福着想，为学生的可持续发展着想，促进学生的全面发展、个性发展、自主发展。

　　我国封建历史很长，传统管理文化中的现代精神并不丰沛，包括教育管理在内的各级各类行政与管理依然存在不少问题，有些问题盘根错节，甚至积重难返。管理中的非人道化、功利化、随意性、情绪化、一言堂、腐败等现象并不鲜见。对于这些问题，每个人多多少少都会有亲身体会，有人深感个人能力菲薄，对改变现状无能为力，以致悲观失望。

　　我认为大可不必。知识的力量就在于能让人从消沉、无助、失望的状态中解脱出来，冷静、敏锐、理智地看到问题的症结，从而找到解决问题的策略和方法。我们不要小看个人的力量，不要轻视知识的力量。如果你认为知识无用，那是因为你还没有找到真正的知识；如果你认为自己对于改变现状无能为力，那是因为你还没有掌握真正的知识。我们每一个人都是有力量的，我们坚信，无数次小的改变，会带来大的变革。管理的真正变革是非常艰难的，但我们所做的事情越是具有挑战性，越是艰难，就越有价值。人生的光荣与梦想、高贵与尊严，就体现在这种对艰难的征服中、对信念的坚守中。这种决绝的追求，虽败犹荣。

　　我们直面甚至欢迎各种问题，正是这些问题的存在让我们有了用武之地，我们不随波逐流，不委曲求全，不姑息养奸，不怨天尤人，不悲观失望，我们尽个人之力改变现状，我们有热情和激情，但我们不莽撞、不随意、不轻狂，因为我们有必要的知识储备和理性思考。更重要的是，我们有深藏在知识之后的、知识内化后所生成的教养和信念。真正有教养的人做管理，其管理必定是人道而美丽的，不会是简单粗暴的，更不会是丑陋丑恶的。

我们每一个人都有力量让我们的教育管理、我们的教育、我们的社会更富现代精神，亦即更富人道精神、科学精神、民主精神和法治精神。至少，当我们个人在实践这些精神时，我们周围的世界就已经与之前不同。因此，有价值的教育管理知识，除了为学习者的未来学习或者就业做准备、为教育一线的管理者当下的管理实践提供智力支持、为更多的个体学会管理自我提供帮助外，其最重要的使命是：以知识的力量改造我们的教育管理，改造我们的教育，改造我们的社会。铁肩担道义，妙手著文章。我们不仅需要描述和解释这个世界，我们更需要改造这个世界。真正有价值的教育管理知识，应该有责任、有担当甚至有血性！

我们的教育管理、我们的教育、我们的社会都需要现代精神的滋润和洗礼。我们需要筛选、梳理出最有价值的教育管理知识，搭建一个开放并持续改进的知识平台，引导教育管理的教学、培训与研究向纵深发展，进而改善我国教育管理的知识状况，提高我国教育管理的实践水准。这不仅仅是教育管理知识发展的基本需要，是学生和教师生命成长的现实需要，更是中华民族实现复兴强国之梦的迫切需要。

（本文为北京师范大学出版社"教育管理专业系列教材"丛书总序的部分内容，原文发表于《中小学管理》2013 年第 10 期）

既尊重理论更敬畏实践：
教育管理理论与实践的互动互惠

　　教育管理实践需要理论的指导与润泽，教育管理理论需要实践的滋养与检验，二者之间需要建立和保持良好关系，在持续健康的互动过程中互惠互利，共同发展和进步。但二者之间关系究竟如何？教育管理实践需要什么样的教育管理理论？教育管理理论自身如何更好更快发展？二者之间如何建立互动互惠的良好关系？二者共同的价值基础与内在灵魂是什么？我们有必要对这些问题做出简要回答。

　　本文所讲的教育管理实践，是指学校内部管理和政府教育行政两个方面，而以前者为主；本文所指的教育管理理论，既包括学者们的研究成果，也包括实践者研究实际工作的成果，但以前者为主。

如何评价我国教育管理理论与实践的关系状况？

　　改革开放近 40 年来，我国教育管理理论和实践都取得了很大的发展。在理论研究方面，产生了大量的研究成果，并译介了许多国外的教育管理著作；在教育实践方面，教育管理体制机制的改革异彩纷呈，彰显出我国教育管理变革的蓬勃活力。但二者之间的关系令人喜忧参半，一言难尽。

可喜的是，二者实际上都从对方受益良多，互有感激之情。对于诸多现实问题，面对复杂的教育管理现象，研究者尽其所能予以快捷回应，并走进实践开展实地调研，积极出谋划策，致力于推动政府行政改革与学校内部管理改革。同时，实践者也诚心向研究者学习请教，希望专家学者指点迷津，答疑解惑，促进管理变革。在此互动过程中，理论得到发展，实践得到改进，这是一幅和谐共进的现实美景。

可忧的是，教育管理理论与实践之间也有许多不和谐的曲调，有时相互不理解、不欣赏甚至妖魔化。实际工作者认为理论空洞空泛，飘在天上不接地气，不能解决实际问题；认为学者们所谓的"科学结论"并不符合实际，属于纸上谈兵，甚至认为一些学者志大才疏、不自量力。理论工作者则认为一些实际工作者主观随意、不够理性、不讲道理、不按章法出牌，对于管理决策不尊重研究得出的"科学结论"耿耿于怀。

上述"喜"与"忧"都是真实的图景，喜不必说，"忧"从何来？问题究竟出在哪里？教育管理理论和教育实践可能都有责任，但关键是教育管理理论研究不能较为充分地满足实践的旺盛需求。现在的教育管理理论研究只能给予实践一定程度、局部的满足，而不是整体性和饱和式满足。通俗而言，就是实践感到"不解渴"，理论做不到让教育管理实践全身舒坦、每一个细胞都舒畅（但这个要求是否有点过高？）。

教育管理实践需要什么样的教育管理理论？

教育管理实践需要能为其提供有效指导的知识

实践所需要的教育管理理论，是能为管理实践活动提供有效指导的知识。具体言之，标准有三。（1）有用。这是最重要的标准，要求教育管理知识能为管理活动提供有效的智力支持，有助于提高管理效率和效能，从而更好地促进学生的全面发展。（2）够用。要求教育管理领域已经积累起"足够数量"的知识，这些知识已经构成一个"系统的知识体系"，即我们常说的"专业知识"，而不是零星的、肤浅的认识，这样才能为专业活动、为职业的专业化提供有力支持。（3）好用。要求理论知识紧扣管理实践中的现实问题，结合实践者的现实需要，以问题为中心展开。其语言表述应该通俗易懂，让人喜闻乐见，最好做到让人欲罢不能、手不释卷。

现有教育管理知识需要清理、甄别和整合

现有的教育管理知识能满足上述要求吗？从历史上看，不论是中国还是外国，人们似乎总是对当时教育管理的知识状况不满意，总是质疑教育管理理论的实际效用。早在1947年，著名管理大师西蒙在其《管理行为》中就批判当时流行的管理理论"过于简化、肤浅和缺乏现实性"。20世纪80年代以来，西方教育管理研究进入了多元范式时代，但是，这些新的理论知识的效用和品质也一样受到非议，西方不少学者认为它们一是脱离实际，空疏无用，二是各有各的范式和立场，相互矛盾与冲突，让人尤其是实践者无所适从。

人类所积累下来的教育管理知识真的如此糟糕、一无是处吗？本文认为，西方一些学者过多否定了教育管理理论知识的效用，过度夸大了教育管理理论之间的冲突。而实际上，实践取向的知识标准，并不关注范式在认识论上的整合问题，更关注的是知识的实用性问题。不论知识源自何种门派，只要有助于实际问题的解决和实践水平的提升，就应该被认为是有价值的知识。我国现有的教育管理知识在数量上是不断增长的，在效用上也是裨益于实践的。但我们同时也必须承认，这些知识的确比较庞杂，而且对实践并不是都有用处，我们必须基于"有用""够用""好用"三个标准，对这些已有的知识进行清理、甄别和整合。

教育研究者需将学术性知识进行应用性转换

教育管理实际工作者所需要的是实践性知识（practical knowledge）而不是学术性知识（academic knowledge）。前者是现实导向的、问题中心的，是对实践的认识，后者是理论导向的知识建构。本文并不否认学术性知识的理论价值，也不认为学术性知识与实践性知识之间有一条不可逾越的鸿沟，但认为学术性知识必须经过"应用性转换"才能成为实际工作者喜闻乐见的实践性知识。

教育管理理论要更好地服务于教育管理实践，至少需做好这样几件事。（1）根据教育管理行为的外延，确定一个"实践性知识的应然框架"，确保能覆盖全部教育管理工作，解决理论知识"够用"的问题。（2）依据框架所确定的知识类别，从实然的、已有的教育管理总体知识中，剥离出已有的"实然的实践性知识"，保证所剥离出来的知识是"有用"的。（3）将实然和应然两个框架做对比分析，找出二者的差距，这个差距就是需要生产的"新的实践性知识"。（4）根据实践的需求，对于某些学术性知识进行话语转换，使它们更"好用"，更容易被实际工作者所理解和吸收。

在新的实践性知识的生产过程中，我们应充分发挥校长、局长等实际工作者的作用。这反映出新旧知识观的差异。传统知识观强调专业知识的确定性、普适性和客观性，强调学科性、学术性知识的灌输。而新知识观强调知识的工具性即实践价值，强调知识是实践者个人的主观建构，强调专业知识的获得是基于对自身职业实践的反思、探究以及与同行的交流。新知识观是实践-反思取向的，而不是学科知识取向的，它关注实际，强调行动研究，要求实践者成为研究者，积极反思，而不是被动地应用知识。这样，实际工作者就由知识的消费者变成了知识的创造者、生产者，其自我反思产生的知识也被吸纳作为实践性知识的一部分。

教育管理理论如何更好更快发展？

研究和经过研究形成的理论，都是非常严肃的事情。不是随便想想、随便写写就是研究，研究是一个流程，是运用科学的研究方法、遵循研究步骤一步一步做出来的，不是闭门写出来的。面向未来，我国的教育管理理论要更好更快发展，要更好地促进实践的改进，需要关注以下几个要点。

提高研究的规范化程度

我们要改进研究方法，提高研究的规范化程度，以"变量语言"探索教育管理中的因果关系，形成一系列关于教育管理的关系命题，并最后形成系统性的"教育管理理论"。

一般来说，理论由概念、变量、陈述等基本要素构成，是一套被系统陈述的、以可靠的经验材料为基础并在逻辑上相互联系的命题。概念是构造理论的砖石，它是对研究范围内同一类现象的概括性表述。变量是概念的一种类型，它是通过概念的具体化转换来的，如"人民"这一概念，当界定为一个国家的所有人时，就成为变量。科学研究必须使用变量的语言，只有使用变量语言才能进行严密的高水平的研究。教育管理研究走向科学严谨的主要表现之一，就是不断改进其变量分析方法，探讨变量间的因果关系。

命题是理论的框架。概念是对现象"是什么"的分类概括，而命题是对现象之间的关系的陈述，它用于说明"为什么"的问题。命题是思维的基本单位，它通过对两个或两个以上概念之间关系的明确陈述使各种现象联系起来。只有基于数据或者证据的因果关系结论，才能为教育管理实践提供"精准的干预措施"，才能提高改进实践的成效。这就要求研究者做真学问、做真研究，形成真正的理论认识、理性知识，而不是随意性的主观观点，更不是个人的情绪化发泄。简单讲，研究者要讲道理，要讲清楚道理，不能武断粗暴得出结论、做出决策。

形成具有本土特色的研究范式

我们应充分借鉴国外教育管理理论，运用多元研究范式，研究中国的教育管理现象，并在借鉴和运用中，形成具有本土特色的研究范式，提出本土化的概念、命题，形成本土化的管理理论。

经过多年的发展，教育管理研究领域已经形成了多元的研究范式。在各种范式中，实证范式的过度使用与其他范式的使用不足并存，对于实证范式以外的其他多种范式运用不够充分，是目前教育管理研究中存在的突出问题。我国教育管理知识发展的当务之急，是把各种研究范式用足用好，从关注具体的研究方法走向关注具体方法背后的世界观层面，走向方法论、认识论、本体论等层面，即走向研究范式的层面，充分释放各种研究范式所蕴藏的巨大的知识生产能力，发挥"研究范式"所应该发挥的作用。

多元范式对于研究者的价值在于，提供多种视角去认识教育管理的复杂性，以利于更好地把握教育管理的本质。多元范式对于实践者的价值同样也是——提供多种视角去认识教育管理的复杂性，以利于更好地把握教育管理的本质。实践者往往难以理解学术话语。研究者需要进行话语转换，把研究范式的学术性话语，转化为实践者能够理解的实践性话语，给实践者插上理论思维的翅膀。

当前诸多范式理论皆从西方舶来，中国的教育管理研究需要进行具有中国本土特色的"范式转换"，以更好地解释中国教育管理现象。这种新范式建立在充分吸收西方多元范式的基础上，更建立在吸收中国教育管理历史传统、实践经验和知识积淀的基础上。我们需要吸收借鉴西方的理论成果，更需要继承和弘扬传统的管理文化、总结和提炼现实的管理经验。

形成中国本土教育管理理论

我们要真正重视和深入研究我国教育管理的"历史"和"现实"，体现我国教育管理研究的主体性，形成中国特色、中国风格、中国气派的能有效解释和解决中国教育管理问题的理论。中国的教育管理研究不是西方框架与话语的殖民地，我们需要好好梳理我国古代传统的管理智慧和教育管理知识。同时，我们更需要深入研究我国的教育管理现实。当前，中国历史传统中的管理智慧，中国教育管理实践的丰富性，没有得到充分尊重和善待。对于当前我国教育管理实践的丰富性和复杂性的研究非常不够。我们需要开展大量的质性研究，"不戴有色眼镜"，运用现象学的方法对之进行原生态的重现，然后以此为基础形成关于我国教育管理的理性的、系统的理论认识。

理论与实践如何建立良性关系而互动互惠？

教育管理理论与实践要相互尊重。理论与实践是一个大家庭，家和才能万事兴。

理论要敬畏实践

理论要放下身段，切实为实践服务，回馈实践，并在回馈实践中获得检验、丰富和发展。理论要敬畏实践，理论工作者不能居高临下对待实际工作者，前者要尊重后者，要保持谦卑之心，不能没有根据地对实践指手画脚。理论的逻辑永远服从于实践的逻辑，理论的正确与否需要实践的检验。理论必须在找到规律如找到因果关系的基础上，对实践进行有针对性的干预。理论不是外在于实践的，更不是强加于实践的。离开对于实践的研究，理论不可能形成；离开实践的滋养和需求，理论不可能发展；离开实践的应用，理论没有价值，也不可能得到检验。

实际工作者要尊重理论

这种尊重不是表面的尊重，而是发自内心地认同理论的价值，学习理论，应用理论，并对理论创新做出贡献。教育管理实际工作者在实践中积累了丰富的管理经验，但缺乏对教育管理的系统的、有深度的理性认识。教育管理理论是对教育管理现象的系统认识，将给予实践群体一双理性的眼睛，给予他们观察教育管理现象的理论视角和解决教育管理问题的方法技术，使他们走出经验型管理的老路，踏上理性化管理的坦途，让他们的管理实践更具科学性。理论工作者要给实际工作者真正"有用""够用""好用"的教育管理理论知识，而不是没有根据、不讲学理、不讲道理的心灵鸡汤与精神鸦片。

教育管理理论与实践应该有共同的价值追求

这一共同的价值追求就是现代精神。现代精神的本质是人道精神、科学精神、民主精神、法治精神。教育管理理论与实践都是为教育发展、人的发展、社会发展服务的。我们所需要的不是观念滞后、价值陈腐的教育管理理论，而是被现代精神所统摄的、充满社会责任感的教育管理理论。我们要兴办的是现代教育，我们要培养的是现代人，我们要建设的是现代国家，因此，我们需要的是现代教育管理实践，我们要提供的是有助于兴办现代教育、培养现代人、建设现代国家的教育管理理论。提升我国教育管理的实践水准的最终目标，是把传统的教育管理变成现代的教育管理，即人本化、科学化、民主化、法治化的教育管理。

（原文发表于《中小学管理》2017 年第 1 期，收录时有改动）

教育管理研究的严峻现实与未来走向

　　教育管理学术年会是中国教育管理学人的精神盛宴。本次会议有来自全国近 60 家科研院所的 236 名教育管理研究者与会，参会单位与参会人数创历届年会之最。本次学术年会的主题是"新目标、新使命、新问题"，大家讨论的议题涉及教育政策与法律、教育均衡发展、农村教育管理、教育领导与学校改进、学校品牌建设、教师教育等诸多领域，充分展示了近年来中国教育管理研究的整体实力与学术水平。

　　对于教育管理研究事业，我们要有自己的光荣和梦想。我们是学术共同体，更是休戚相关的"事业共同体"。我们的事业发展如何？大家加入这个"事业共同体"的目的是什么？2001 年，我们曾经在北京师范大学对 21 世纪中国教育管理学的走向进行专题研讨。现在整整十年过去了，教育管理知识的数量的确在增长，但研究的质量并没有根本性的提高。仅从本次年会提交的论文来看，研究选题反复出现，但很多领域与往年相比仍未有开拓性进展；研究方法虽有所改变，但还没有实质性的改进。

　　我们必须对当前中国教育管理研究面临的严峻挑战和迫切任务有清醒的认识。近些年来，中国教育发展取得了举世瞩目的成就，所积累的丰富经验值得深入总结。但是，如同《国家中长期教育改革和发展规划纲要（2010—2020 年）》所指出的："我国教育还不完全适应国家经济社会发展和人民群众接受良好教育的要求。教育观念相对落后，内容方法比较陈旧，中小学生课业负担过重，素质教育推进困难；学生适应社会和就业创业能力不强，创新型、实用型、复合型人才紧缺；教育体制机制不完善，学校办学活力不足；教育结构和布局不尽合理，城乡、区域教育发展不平衡，贫困地区、民族地区教育发展滞后；教育投入不足，教育优先发展的战略地位尚未得到完全落实。"教育的这种非理性发展的结果，直接反映出教育发展方式存在的问题。教育发展方式的转变，则必须以高水平的、科学有效的教育研究为前提。教育实践迫切需要、大量需要优质教育知识尤其是教育管理知识的指导与支持。

虽然教育管理研究的质量和水平有了一定程度的提升，但"总体质量偏低，研究方法落后，实证研究偏少，研究方法中思辨性质的研究方法仍居主导地位，科学、有效的实证研究缺乏"等问题已经严重影响了教育研究对教育发展的贡献率，现有的研究数量和质量都不能有效满足国家、社会和大众的需求。我们的教育管理学研究与其他学科，如经济学、社会学、教育经济学、教育社会学的研究水平差距很大，与国外以及港台地区教育管理研究水平的差距也很大。虽然我们与国际同行的交流和互访越来越频繁，但我们对一些国际主流学术研究项目、国际主流学术会议的参与仍严重不足，对国际主流研究方式方法的了解与应用还非常不够。对于其他学科、其他同行都在研究什么，用什么方法研究，我们与他们的差距在哪里，我们并不十分清楚。如美国比较重视量化研究，而澳大利亚重视质性研究，但我们对这两类研究方法的重视和使用都很不够。这些既影响了中国教育管理研究的国际影响力，也严重影响了中国教育管理研究的水平与质量，制约了现代中国教育的理性发展。

有人这样形容当前某些高校教学中的一些怪现象："老师假装

来上课，学生假装来听课""老师假装做研究，学生假装跟着老师做研究"。这些现象让我们不得不思考教育研究事业和教育研究者存在的意义和尊严问题，提醒我们反躬自问：在我们的研究中，有没有伪研究？有多少研究是真研究？有多少课题研究的是真问题？有一句话叫"有知识，没文化"，借用这个句式，我们现在的很多研究是不是"有观点，没数据""有数据，没理论""有理论，没思想""有思想，没实践"？我们每个人都有自己的立场和观点，但往往缺乏实证研究的根据。我们如何在将来的研究中，不只有立场和观点，更有数据、有理论、有思想、有实践？我认为，我们至少应夯实两个基础：一个是教育管理的知识基础，一个是方法基础。教育管理知识可以分成三类：前沿知识、实践知识、基础性知识。我们要区别对待这些知识，要把它们分化，"该学术的就很学术，该实践的就很实践"，不混为一谈，这样才能让这些知识发挥其应有的作用。

我们在研究中应至少把握这样几个关键要素：概念、文献和方法。概念是一切知识和理论的基础，任何理论问题和研究体系，都必须在严谨的概念思维的基础上构建，因此我们要对概念有明确的认知。现在，概念堆积、模糊、杂乱的现象屡见不鲜。文献研究是任何研究和实践都不应忽视和省略的步骤，研究者应在前人研究的基础上进行探索，但许多研究者基本上不看别人的研究成果。海外的一些学者很"疑惑"：为什么大陆学者的文章这么不规范？为什么英文的文献一篇都不看？更严重的问题表现在研究方法的陈旧与低效上。我们曾经统计了 2008 年某高层次学术期刊上发表的所有文章，发现这些文章中思辨研究占 63%。这是否意味着某些研究者可以不用任何数据，"拍拍脑袋"就能写出文章？我们不否认思辨研究对某些领域研究的重要价值，但该研究方法绝不应成为教育研究的主要方法。现在有些人像江湖游医，写的论文像写意画，含糊其词，似是而非，思维的清晰性和准确性严重不足。我们提倡"多元"视角，提倡使用混合研究方法，但是"多元"不等于杂乱，混合不等于没了章法。

我们应推崇更客观、全面、深入细致地研究事物的方式。我们在研究中要有理论，没有理论我们就不能很好地把握现实。同时我们更应该重视对数据的搜集和加工。统计学说到底是一种认识方法，是一种描述世界和解释世界的工具，而不仅仅是数学运算。如果没有一个好的数据加工方法，那么我们放进去的是"垃圾"，出来的还是"垃圾"。但是现在我们很多文章可能连"垃圾"数据都没有，我们只有简陋的"垃圾箱"，这个"垃圾箱"根本没有足够的能力去接纳、整理和处理各种数据。当然，我们也不要盲目迷信数据，要学会对数据进行理性分析和合理使用。这也回应了我们当前争论较多的教育管理研究是"缺理论"还是"缺实践"的问题。我不想讲我们是"缺理论"还是"缺实践"，我觉得，我们是"缺方法"。我们要不断提升教育管理研究的专业化水平。一个行业的专业化体现在多个方面，要有专业的研究机构、教学机构、学术组织，有本学科的知识体系、研究范式，有自己的话语载体，如期刊、网站、活动机制等。目前我们在许多方面都很欠缺，我们所有人需要共同努力。

我一直在思考，我们的教育管理研究事业何德何能、凭什么吸引有才华有水平的年轻人加盟？我们事业发展的动力和理想在哪里？马丁·路德·金说"我有一个梦想"（I have a dream），马丁·路德说"这是我的立场"（Here I stand），立意高远，掷地有声。对于教育管理研究和教育管理实践，我们的梦想何在？我们的学术立场又何在？我认为，我们应站在教育管理研究的国际前沿，切实改善中国教育管理知识状况，提高教育管理的实践水平，在理论和实践的兼顾中，实现中国教育管理事业的光荣与梦想。

（本文系在全国教育管理学科学术委员会第 11 次学术年会闭幕式上的讲话，原文发表于《中小学管理》2012 年第 2 期）

教育管理实践与教育管理研究向何处去

教育管理研究的学科归属与学术自信

当前，教育管理学科调整与学科发展受到高度关注。1997 年教育部颁布的《授予博士硕士学位和培养研究生的学科、专业目录》把教育经济学和教育管理学合并为"教育经济与管理"，并将之归于"公共管理"学科，而不是"教育学"学科，对于教育管理学科的发展造成了一定的负面影响。经过 20 多年的建设，许多高校已经习惯了这种设置。2022 年教育部颁布《研究生教育学科专业目录》，将"教育经济与管理"拆分为"教育政策与领导""教育政策与管理""教育经济学"，分别归入教育学、管理学、经济学三个学科门类。教育管理学科横跨教育学和管理学两大学科，到底放在哪个大学科门类下进行建设，给高校管理者以及本学科的高校教师带来困扰。有学者认为，教育管理包括教育领导、教育政策，"教育政策与领导"抛弃了源头概念"教育管理"，而"教育政策与管理"中的政策与管理不能并列，因为它们不是一个逻辑层次上的概念。有学者甚至认为，这样的改变缺乏论证，很不严肃。

大家忧虑的是，这种变动会对学术研究产生什么样的影响，自己的学术生命如何安放。经过讨论，大家对未来充满信心，认为不论如何调整，教育管理的实践依然大量存在，上百万名教育公务员和大中小学管理者在从事各种管理事务，高校的教育管理学科不论归属如何依然存在，教学科研人员也依然存在。教育管理实践是教育管理理论的源头活水，实践对理论有强烈需求，教育管理研究天地广阔，未来也应该大有作为。

在教育管理学研究中，曾几何时，"领导"成为一个时髦的词语，大有以"教育领导"取代"教育管理"之势，最近十多年，"治理"又成为一个时髦的词语，也大有以"教育治理"取代"教育管理"之势，但实际上都是取代不了的。以教育治理为例，教育治理强调多元共治，主要体现的是教育管理的民主化，教育治理只是教育管理的一种高级形态，在概念的种属关系上是隶属于教育管理的。

因此，教育管理学科建设的主要关注点，不应该是学科归属问题，也不是概念辨析问题，而是如何因应社会发展和人的发展的客观要求，促进教育管理变革和教育更好发展的问题，亦即如何做出实际贡献的问题。

教育管理实践与教育管理研究所面临的外部环境

教育管理不论是实践还是研究，都面临与过去不同的外部环境，可以从社会、人、教育三个方面去看。

第一，社会变了。有学者描述了当今社会的复杂性和不确定性给教育管理带来的挑战，以及数字化转型、数字社会给教育治理带来的挑战。除了这些社会特征外，我认为，我国社会还存在以下几个问题。一是社会分化加剧，区域间、城乡间、家庭间存在发展不均衡问题，需要进一步破解城乡二元结构。二是社会内卷严重，并不只是中小学阶段的孩子内卷严重，内卷几乎蔓延到各行各业，个体竞争加剧。三是政府管得过多过细，政府、市场、社会三者之间的良性关系尚未形成，对于市场主体、民营企业、民办学校的作用认识不足，有些地方、有些官员对于民办学校持歧视态度。四是形式主义、官僚主义久治不绝。此外，我国还面临激烈的国际竞争，国家间的内卷也愈益加深。

第二，人变了。如今的孩子、家长以及新教师都发生了较大变化，与几十年前甚至十几年前的孩子、家长、新教师大不相同了，可能变得更加自主、更加脆弱、要求更高，权利意识普遍增强，责任意识相对不足，且几类人的心理健康问题都值得关注。学生会更多挑战教师权威，有的新教师下班就关机，家长也更难沟通了，不少新教师害怕与家长沟通，这些都给教育管理带来挑战。

社会变了，人也变了，人在社会中如何生存？个人在强大的社会面前能否有所作为？社会发展和人的发展的未来走向，都是实现现代化，即社会现代化和人的现代化。教育的重要功能，教育现代化的根本任务，就是促进社会现代化和人的现代化，就是培养现代人、建设现代国家。

现代化的内核是现代性，即现代精神，现代人的内核、人的现代化的本质都是现代精神。在复杂多变不确定的社会中，一个人的生存与发展并不容易。教育需要赋予学生一些基本的理念与价值观，以简驭繁，这样才能引导学生走出迷茫与混沌，不至于迷失自己。这些基本理念与价值观，如人道、民主、法治、公正等，就是现代精神的具体体现。

第三，对教育的要求更高了。改革开放 40 多年来，我国教育取得了历史性成就，但是依然不能较好地应对社会发展和人的发展所提出的新挑战，时代呼唤更高质量、更加公平的教育，这本身就是美好生活的组成部分。

教育质量集中体现在"培养什么人"这一问题上。当前的教育尤其是基础教育还很"卷"，唯分数、唯升学依然盛行，急功近利严重，不少学校只是培养学生"一时"所需要的应试技能，而不是培养学生"一世"都需要的核心素养，如创新能力、批判性思维、公民素养、合作与交流能力、自主发展素养、数字素养等。如果不能处理好"一时"和"一世"的关系，那么最后的结果就是片面发展严重，实际上得不偿失。

世界已经进入开放的人工智能时代，我们要培养人工智能所不能取代的素养。这类素养包括创新能力与合作能力，可以通俗地称为"聪明的脑"和"温暖的心"，人工智能很智能，会做很好的"文献综述"，但是难以进行高水平的创新，也不具备情感能力。信息技术不论如何高级，都有其局限性。

好的教育不仅是优质的，也是公平的，是面向人人的。当前，某些区域的基础教育为什么那么"卷"？根本原因在于优质教育资源配置不均衡，在于城乡之间、学校之间、群体之间存在教育质量差距。从这个意义上讲，教育质量与教育公平不是两个问题，而是一个问题的两个方面。

教育管理实践何为

面对社会现代化、人的现代化以及教育优质均衡发展的要求，教育管理应该也能够大有作为。一个简单但基本的问题是，为了提升教育质量、促进教育公平，管得多与管得少，哪一个更好？教育管理改革的方向是什么？

我认为，教育管理改革的方向是走向教育治理，即倡导多元共治、学校自治（自主权）、政府元治（新主导作用）、厉行法治，解决政府管得过多、学校自主权不足的问题，释放学校的办学活力，同时增进教师的教学自主权和学生的学习自主权，进而释放教师的教学活力与学生的学习活力。对于高校教师的科研工作，也要给予更多的自主权。政府要转变职能，简政放权，推进校本管理；

同时在学校内部，要进一步完善内部治理结构，赋予教师、学生、家长更多的权利。要解决政府与学校关系、学校与教师关系、学校与学生关系、教师与学生关系中普遍存在的"泛行政化"问题，由前者对后者的管控型关系，转变为支持型关系，前者要为后者松绑，留出更多的自主空间。要尊重基层的管理创新，尊重基层经过长期博弈形成的自发秩序和自组织秩序，减少出力不讨好的过多干预。只有如此，才能让学校、教师、学生具有内生活力，才能从"内卷"走向"内生"。

评价是个指挥棒，高利害评价对于被评者的影响尤甚。评价与行政化之间有内在联系，行政化助推了教育评价、学术评价的过度化，评价甚至成为一种行政控制手段。教育评价要少用慎用，要警惕评价带来的副作用。当前，我们的教育评价与学术评价不是太少，而是太多太滥。教育评价有着科学性的外衣与光环，但实际效果未必就好。教育活动的核心是课堂教学，课堂教学活动的突出特点是师生互动密集、教师自主性大，具有此种特征的活动是很难评价的，必须给此类活动的主体即教师更多的自主权。

只有高素质的教师和校长队伍，才能办出高质量的教育。教师的能力与价值观，不仅影响教育质量，也影响教育公平；不仅影响人的现代化，也影响社会现代化。当前教师的职前培养和职后培训都有欠缺，课程内容与教学模式滞后于实际需求，针对性时效性不够，亟待改进。有学者探讨了个体特质与组织环境对于校长领导力的影响，认为个体特质是形塑校长领导力的最核心要素，其中责任感特质最为关键。这个发现提示我们，不论外部环境如何变化，责任感会给我们带来工作定力，教育管理研究者也要有自己的学术定力，要有自己的内在追求，不赶时髦，不做墙头草。

教育管理研究何为

面对诸多现实问题，教育管理研究大有可为。教育管理研究要大有作为，以下几点至关重要。

第一，拓宽学术资源。首先，要积极吸收国外理论。改革开放以来，我国大量吸收西方教育管理理论，对于推进我国教育管理研究产生了积极影响。但是，只是吸收国外理论是不够的，我国教育管理理论研究不能成为国外教育管理理论的殖民地，当前更需要内生发展。其次，要从管理实践中汲取学术资源。我国教育管理实践中有很多好的做法与经验，背后蕴含着丰富的理论价值，需要理论工作者深入实践去挖掘、梳理、总结、提炼。当前这方面工作做得还很不够，理论工作者深入实践严重不足。中国的管理实践有其独特性，尤其需要理论研究者予以关注。例如：校长领导力是国际通行的学术话语，在我国还涉及党组织书记的领导力问题，两种领导力的关系如何，需要深入研究。再如：校长的教学领导力（或课程领导力）也是国际通行的学术话语，但在我国，教研员对于中小学教师的实际教学行为所发挥的教学领导力，可能比校长还大，校长与教研员的教学领导力是什么关系？如何平衡？在当前落实新课标的背景下，这是一个不容忽视的现实问题，也是一个具有中国特色的本土问题。最后，要从我国传统文化尤其是传统管理思想中寻求学术资源。我国古代有丰富的教育管理思想需要挖掘和传承，需要进行现代性的转换；民国期间我国的教育管理思想融汇古今中西，至今仍有现实价值。

第二，推进学术创新。在扎实汲取教育管理研究的国外理论资源、实践资源、传统资源的基础上，理论工作者要勇于提出新概念、提出新命题、构建新理论，并以之对冲西方教育管理理论的殖民化问题，解决西方教育管理话语占主导地位的问题，解决我国教育管理理论国际传播力不足的问题，持续增强中国教育管理研究的国际学术话语权。推进学术创新必须加强基础研究。当前，在课题项目主导的科研体制下，基础研究很少能被立项，列入课题指南的、容易被立项的，往往都是应用研究。我们要形成共识，加强统筹与协作，采取切实措施加强基础研究。没有基础研究，没有理论创新，应用研究就会成为无源之水，最后难以提高质量。

第三，发扬学术民主。学术民主能带来学术活力与学术创新。学术会议要通过顶层设计，提供更多的平等交流机会，要给中青年学者和研究生们更多的发言权。要做到不以身份论英雄，不以"身份头衔"决定发言机会，而是以"论文质量"决定发言机会。

第四，勇担学术责任。我们从事教育管理学术研究，不只是为了完成考核任务与评职称，不只是为了找一份职业养家糊口，不只是为了满足自己的学术爱好，还要承担起自己的学术责任，要谨记我们的使命：改善我国教育管理的知识状况，提升我国教育管理的实践水准。理论研究者要以知识贡献社会，并从中找到自己的生命价值，我们每一个人都要为自己的学术生涯找到精神家园。我们要不断提升自己的主体性，提升学术研究的自觉性与创造性，为提高教育管理研究质量、提升教育管理实践水准做出更大的贡献。

（本文系作者在 2024 年全国高等学校教育管理学科学术年会闭幕式上的讲话，原文发表于《中小学管理》2024 年第 7 期，收录时有改动）

第 三 编

教师与校长要走向专业化

中小学书记校长要提升五种领导力，概括起来，就是要：有变革学校的事业心，有价值引领、以德服人的感召力，以教学领导力、学习领导力改进教学方式和学习方式，以分布式领导力推进学校民主管理。

改善教师的思维方式与工作方式

教育教学的一项重要任务就是培养学生的思维能力，让学生对别人尤其是对权威不盲从、不轻信，自己思考问题不随意、不情绪化。简而言之，思维能力就是发现问题、分析问题、解决问题的能力。这种能力比记忆能力重要得多，现在学生培养强调"能力为重"，这里的能力主要指思维能力。培养思维能力本质上是培养学生的科学理性精神，这也是建设一个理性社会的基础性工程。当前国内外很热的"核心素养"，就把批判性思维列为其重要内容。

要培养学生的思维能力，教师首先要具备良好的思维能力。我国《小学教师专业标准（试行）》和《中学教师专业标准（试行）》在教师专业能力中都明确提出了关于教师思维能力的两项要求，而且两个文件的要求完全相同、只字不差，即"主动收集分析相关信息，不断进行反思，改进教育教学工作""针对教育教学工作中的现实需要与问题，进行探索和研究"。这种要求，实际上是要求教师做"反思型教师"。反思就是思考，就是研究。

一个人怎么做，取决于其怎么想。教师也不例外，教师的思维方式决定其工作方式。如果其思维墨守成规，或者简单粗放，其教学工作就很难有创新，就很难优质化。可以说，教师思维水平的高低决定着其工作水平的高低。会研究、善思考、能探索的教师是

"有智慧"的教师。思维或者反思，不是天马行空、漫无边际的空想或幻想，不是"为思而思"，而是要解决工作、学习、生活中的问题。在教言教，就教师而言，其反思就是研究教学、研究学生，解决工作中的问题。教师的思维能力，要在日常教学工作中磨炼和培养。

具体而言，教师需要反思或研究什么呢？主要是六个方面。（1）教学设计即"备课"中存在什么问题？包括教学目标和教学计划的设计。（2）教学实施即"上课"中存在什么问题？涉及学习氛围、教学方式、信息技术手段等。（3）班级管理与教育活动中存在什么问题？涉及师生关系、同学关系、德育活动、心理健康教育等。（4）教育教学评价中存在什么问题？涉及评价工具、评价方法、评价效果等。（5）沟通与合作中存在什么问题？包括与学生、同事、家长等的沟通与合作等。（6）个人专业发展中存在什么问题？涉及个人发展规划、个人能力、个人动力等。这六个方面是教师思考的主要内容，也是教师专业标准中对于教师专业能力的六点要求。教师的思维或反思活动不能脱离自己的主业，尤其要关注"如何上好每节常态课"，否则就偏离了正确的方向。把上述问题研究透了，教师的工作方式就会发生实质性改善，正所谓"研究兴教"，如同"科研兴校"一样。

思维或反思不只是为了发现问题，更是为了在分析问题的基础上解决问题。《反思型教师：教师行动研究指南》一书强调，教师要重点反思教学过程与教学效果，并在获取事实材料的基础上，进行分析和判断并采取相应行动，以达到改进教学的目的。

思维或反思应该是理性的、科学的、系统化的，不应该是随意的、情绪化的、零散的。著名教育家杜威所力倡的思维是"reflective thinking"，就是我们所说的"反思"，意指对某个问题进行反复的、严肃的、持续不断的深思，只有这样才能有效解决问题。杜威认为思维共有五个步骤，胡适对其做了通俗的诠释，认为这五步分别为：感觉到的困难；困难的所在和定义；设想可能的解决办法；通过推理，看哪一个假定能解决这个疑难；通过观察或试验，证实结论是否可信。

借鉴上述看法，本文认为，教师的思维或者反思可以包括五个方面。

第一，问题大致是什么。例如：教师在日常教学中"感觉到"学生们学习兴趣不高。学生学习兴趣不高，不是一个空想出来的问题，是教师在真实的教学情境中发现的"真问题"。但这只是对问题的"初步锁定"，主要是基于自己的观察、其他任课教师的反映等，至于问题的具体表现以及背后原因，教师尚不清楚。

第二，问题到底是什么。对初步锁定的问题予以明确化和具体化：是全体学生都兴趣不高，还是部分学生兴趣不高？兴趣不高的具体表现是什么？有没有学科差异、性别差异、成绩高低差异、家庭背景差异？有的学生是不是偏科？这就需要运用问卷或者访谈等方法，对上述问题进行全面、细致的调研，然后做出准确的问题描述。这个过程就是问题的具体化和明确化的过程。俗话说，没有调查研究就没有发言权。而搞好调研首先就要求教师掌握调研的技巧和方法，保证获得的信息是真实的。

第三，到底为什么。教师要学会问"到底为什么"，分析产生问题的原因。思维的核心是找到事物之间的联系，尤其是找到因果关系。只有找到成因，搞清楚"到底为什么"，才能对症下药并药到病除，才能真正回答"怎么办"。不问为什么，就主观臆断、直接出招去解决问题，往往会犯经验主义和教条主义的错误，实质上都是主观主义。在"是什么"和"怎么办"之间没有"为什么"，是思维方式与工作方式理性化程度不高的表现。

第四，应该怎么办。教师根据问题产生的原因，设想各种可能的解决问题的策略、办法和措施。例如：两个学生数学成绩都比较差，在"是什么"问题方面是一样的，但是原因可能不同，一个是基础差，另一个是沉迷于打网络游戏，也就是在"为什么"方面有差别。原因不同，对症下药，"应该怎么办"也应该因人而异。如对基础差的，我们可以通过补课补短板提升成绩；对沉溺于游戏的，首先要解决其网瘾问题。

第五，到底怎么样。对提出的解决问题的措施，需要通过实践进行检验，看看到底解决了什么老问题？有哪些老问题还没有解决？又带来了什么新问题？对这些新问题又该怎么解决？这样，就形成了一个螺旋上升的问题链。在解决问题的过程中，教师获得专业成长，不仅增加了教学经验与理性认识，还克服了职业倦怠问题，走出了"教书匠"的陷阱，因为思维或反思能给教师带来新鲜感，让教师对于教学工作保持长久的热情。

从问题大致是什么、问题到底是什么、到底为什么、应该怎么办，到到底怎么样，即对解决办法的检验和评价，构成分析问题、解决问题的一个完整流程。这种思维的过程包括观察、比较、分析、抽象、概括等多种能力的运用，是对教师综合素质的考验。

稍加深究可以发现，上述几个步骤也是项目化学习（project-based learning）、基于问题的学习（problem-based learning）的基本步骤。杜威认为思维方法与教学方法是同构的，他将思维五步法直接运用到教学方法上，认为教学法的要素和思维的要素是相同的。这些要素是：第一，学生要有一个真实的经验的情境——要有一个能让学生产生兴趣的连续的活动；第二，在这个情境内部产生一个真实的问题，作为思维的刺激物；第三，他要占有知识资料，从事必要的观察，对付这个问题；第四，他必须负责有条不紊地展开他所想出的解决问题的办法；第五，他要有机会和需要通过应用检验他的观念，使这个观念意义明确，并且让他自己发现它们是否有效。① 当然，在实际的思维过程中，这五个阶段不一定按固定的次

---

① 杜威. 民主主义与教育 [M]. 北京：人民教育出版社，1990：174.

序出现。

不论对于学生还是教师，思维品质都是可以训练和培养的。而且，只有教师具备良好的思维品质，学会了科学思维、理性思维，才能更有效地培养学生的思维能力。教学相长，不仅体现在知识的传授中，更体现在思维能力的培养中。再者，教师具备良好的思维品质，不仅有利于教学，也有利于人生，可以帮助教师有效发现、分析并解决人生中的种种问题，可以让自己的人生更美好。

（原文发表于《中小学管理》2021 年第 9 期）

教师领导力：让每位普通教师都有影响力

　　什么是教师领导力？教师有领导力吗？人们往往认为，领导力是领导的事情，普通教师不是学校领导，谈何领导力？其实不然。

　　"教师领导力"（teacher leadership）这个概念是舶来品。"leadership"一词被译为"领导力"或"领导"，容易引起误解，人们往往望文生义，将其理解为"领导能力"，理解为"领导才具备的能力"，甚至理解为管理职位。实际上对"leadership"更为准确的翻译应该是"引领他人、影响他人的行为"，因此，教师领导力本质上是指教师通过自己的言行对于他人发生的引领与影响作用，教师领导力即教师的引领作用或影响力。

　　按照一般的理解，领导行为总是自上而下的、充满刚性的，领导者运用职务权力发号施令，被领导者听令服从。但是教师领导力所强调的引领与影响不是刚性的职务行为"下行"发生的，而是更为强调普普通通的"平民教师"所发挥的"平行"甚至"上行"的引领作用与影响力。基于此，教师领导力所讲的不应是教师对于学生的引领与影响。因为在师生关系、课堂教学、班级管理中，教师时时刻刻都对学生予以引领与影响。因此"教师领导力"具有特殊的内涵，更多的是指对于其他教师即同伴的领导力。同时，教师领导力也不是指教师中的管理者（如教研组长、年级组长等）运用其职位职务对其他教师所施加的影响力，教师领导力更为强调的是"普通教师"对于其他教师甚至对于教师的管理者（如教研组长、年级组长、教务主任、教学副校长甚至校长）所具有的影响力。普通教师无权无势，但是依然可以发挥引领作用，非职务影响力是教师领导力的典型特征。

教师领导力的内容不是漫无边际的，主要体现为教师的专业影响力，即教师在教育教学事务中的引领作用与影响作用。在教书育人具体工作中，如备课、上课、班级管理、作业考试、教学研究（教研）、师生关系等方面，每一个普通教师都有经验教训，都可以也应该发表自己的见解与同伴平行分享，发挥引领作用，并对学校管理者的管理行为产生影响。此外教师领导力也可以在学校管理中发挥作用，在涉及学校人事管理如职称评定、评优评先、教师培训、家校合作等方面，教师的建言献策对于改进学校管理也具有重要价值。

教师领导力的本质是教师专业自主权的体现，是教研民主、学术民主的体现。教育教学属于专业领域，非经过特殊训练不能胜任，外行不应随意干预，教师这种职业具有专业尊严，如同医生与律师所具有的专业尊严。专业人员在自己的专业领域最有话语权和发言权，外行瞎指挥既危害事业也自取其辱。在学校育人活动中，有数不胜数的微观环节、数不胜数的具体问题。解决这些问题，必须依靠每一位教师。办好每一所学校，尤其是教好每一个孩子，要依靠每一位普普通通的教师，要解放和发挥他们的教学领导力。

领导力就是引领，在教育教学这种专业活动中，谁来引领？谁说得对做得好，谁就来引领。谁说得对就听谁的，而不是谁权力大职位高就听谁的。

教师领导力对于学校发展意义重大。其一，有利于教师队伍的成长。一个学校教学质量的提升，只靠一两个名师是不够的，要靠每一位教师。教师领导力让每一位教师都出彩，有利于他们走出职业倦怠，提升职业幸福感，进而提升他们的学校归属感，提升他们生命的意义与价值。其二，有利于学生的发展。如果每个普通教师都能积极主动、敢说敢为、进取创新、乐观幸福，最受益的是广大学生。教师领导力意味着普通教师的言与行受到管理层的尊重与看重，当一个个普通教师受到学校管理层更多尊重的时候，他会更多地尊重他所教的孩子们，更多地赢得孩子们的尊重。在学校里，尊重是非常宝贵的，尊重是相互传递的。因此，提升每一位普通教师的领导力，对于学校发展至关重要，既具有工具价值又具有内在价值。

普通教师素来听话，但是要让学校充满创新的活力，要提升教育质量，只是听话是不够的。在教研活动中，普通教师常常默默无语甚至灰头土脸。教师以说为业，有时候不是不想说也不是不能说，而是不敢说。因此，提升教师领导力的关键，在于发扬民主，推进民主治校，尤其是发扬教研民主，反对教研专制。学校要信任教师，让他们有安全感，让他们不会因言获咎，要鼓励教师勇于表达自己的想法，激励教师开展教学创新。学校应该建立一定的机制，充分尊重和保障教师在专业领域的参与权、表达权、决策权、监督权，让每一位普通教师都能展现自己的领导力。学校让每个教师都有发言机会，都有话语权，并在发言中学会发言、获得自信、产生越来越大的影响力、得到越来越多的自我实现，使自己的人生更有价值与意义。

教师领导力，意味着学校的每个普通教师都不可替代，一个都不能少，每个人都很重要。

（原文发表于《中小学管理》2020 年第 9 期）

再缺也不能缺老师：
"教师荒"是当前最严重的教育危机

　　具有足够数量和较高质量的教师队伍，是教育健康发展的前提条件。本文要谈的不是教师质量问题，而是更为基本的教师数量问题。笔者近年到各地调研，发现教育行政部门和中小学校反映最为强烈的是教师缺编问题。这一问题已成为全国性的普遍问题，东西南北中概莫能外，城镇乡村概莫能外。一些中部地区的大市，教师数量缺口甚至达万人。如果全国加总起来，那么这个缺口可能会是一个百万量级的天文数字。

　　教师缺编与短缺主要表现在以下方面。

　　第一，区域层面教师总量缺编。即便根据现行的教师编制标准，一些区县也存在教师总量缺编现象。一些地方还屡屡出现"压编""有编不补"等问题。某些地方对教师队伍做不到"退一补一"，甚至出现只退不补现象。

　　第二，城镇教师总量缺编。随着城镇化的快速发展，大量农村人口和学龄儿童转移到城镇，导致城镇学校生源不断膨胀，直接导致城镇学校教师缺编。

　　第三，农村教师结构性缺编。农村学龄人口的主动流出与自然减少，导致一些农村学校教师与学生比例失调。部分农村学校教师的绝对数超额，但存在结构性短缺，音、体、美三科教师尤缺。

第四，农村小规模学校教师数量不足。随着农村义务教育布局调整的逐步规范，农村小规模学校数量有所回升，其教师数量不足问题日益凸显。有的教学点只有几个学生，如果按统一的生师比计算教师编制，那么将无法合理配备教师，小规模学校将无法运转。

第五，寄宿制学校尤其是农村寄宿制学校教师缺编。寄宿制学校的安全防范、医疗卫生、餐饮住宿等工作人员严重短缺，学校安全压力和人员配置压力都相当大。

第六，女教师生二胎导致一线教师数量不足。中小学教师中女教师所占比例较大，部分女教师生二胎导致学校师资力量更为捉襟见肘。

第七，非教学人员"占编"或者教学人员"在编不在岗"导致一线教师不足。个别学校教师总量上不缺编甚至超编，但其中非教学人员（如行政工勤人员）占比过高，导致一线教师难以补充进来。我们在调研时发现，有一所县城中学的非教学人员占编达56人。

教师数量不足，必然导致学校"揭不开锅"，基本的教学工作难以为继，突破了教育的底线甚至红线，带来直接的教育危机。为解决有人上课问题，不少学校招聘临时"代课教师"。这些人员待遇较低、流动性强，其职业素养、社会保障、专业发展都值得忧虑。我国教育改革与发展走到今天，教师数量不足问题依然没有解决，的确令人感到匪夷所思。教师缺编，说明教育优先发展地位还没有真正落实。

解决上述问题，要点有四。

首先，以学校为单位而不是以区域（市、县、区）为单位"精准核定"教师编制。编制管理部门一般是以区域为单位核定教师编制，即以区域学生总量作为基数，根据生师比编制标准，核定所需教师总量。这种方法非常粗放，会掩盖很多现实问题，尤其是掩盖了学校间、学段间的差别。如某县根据学生总量计算，教师不缺编，但是实际情况是：有的学校超编，有的学校严重缺编；小学阶段超编，中学阶段缺编，而小学教师又不能到中学任教。实际上，学校才是基本的办学实体，以学校为单位而不是以区域（市、县、区）为单位"精准核定"教师编制，才是科学合理的。

其次，实行城乡"新双轨制"教师编制标准，解决农村教师短缺问题。按照我国 2001 年的中小学教师编制标准，城市、县镇、农村的生师比，分别为小学 19∶1、21∶1、23∶1，初中 13.5∶1、16∶1、18∶1，这一编制标准存在明显的城乡倒挂问题。"新双轨制"的实质是由城乡倒挂转变为向农村倾斜，尤其是向村小学和教学点倾斜，放宽农村地区编制标准。"新双轨制"要求运用"差别化尺度"进行配编：城市及县城学校按照生师比配编；乡镇以下学校在以生师比为主的基础上，引入"班师比"和"科师比"作为辅助配置方式。引入"班师比"有助于缓解小规模学校教师数量不足问题，引入"科师比"有助于缓解大部分农村学校教师结构性短缺问题。

再次，增加教师编制弹性，解决女教师生二胎等导致的一线教师紧缺问题。根据学校女教师年龄结构与生育状况，在现有编制标准的基础上，确定弹性编制系数，留出一定空间，确保女教师生育不会对教学秩序和教学质量产生实质影响。

最后，从根本上讲，政府要重视教师待遇、放宽教师编制，以吸引足够数量的优秀人才从教。当前想解决的问题可能有千千万，但解决教师问题是当务之急。这不仅是大事，而且是急事，迫在眉睫。对此，政府人事管理部门、编制管理部门、财政管理部门等多部门要协调配合，共同努力。

（原文发表于《中小学管理》2017 年第 9 期）

中小学书记校长需要提升五种领导力

　　领导，就是引领。学校领导者就是学校发展的引领者，主要是指学校的党组织书记和校长。领导与管理不同，通俗而言，领导是指做正确的事，管理是指把事做正确。领导要把握方向、做出重要决策，管理则注重细节、强调把决策落实到位。中小学书记和校长对学校发展负有领导责任，要不断提升自身领导力。

　　一是提升变革型领导力，注重"价值引领"。变革型领导不是以威权或利诱为手段促进学校发展，而是通过使教师、家长和学生明确共同的愿景与目标，如促进学生全面发展、个性发展、可持续发展，培养学生一辈子都需要的核心素养，尤其是培养学生的创新能力（聪明的脑）和合作能力（温暖的心），使每一个人都明确自己存在的意义和价值，激发每个人内在的动力，让教师乐教、学生乐学、家长积极配合，共同推动学生发展。变革型领导力强调"攻心为上"，成功的变革型领导能让教师积极、主动、创造性地从教，而不是因为受到外部压力而工作。

　　二是提升道德领导力，注重"以德服人"。教育是个良心活儿，是道德性事业。学生要全面发展，更要以德为先，学校所培养的人不一定都能对社会做出大贡献，但不能危害他人、危害社会，这是必须守住的底线。教师能力强不强很重要，但是师德好不好更重要，教师要尊重、善待、帮助学生，决不能歧视、侮辱甚至打压学生。学生发展与教师从教，均须以德为先，书记校长更要率先垂范，不仅个人要具有良好公德私德，还要在全校营造互相尊重、团结友爱、公平公正的良好文化氛围与价值追求。简言之，要做到厚德载物、以德服人、以德育人。

三是提升分布式领导力，实行"民主治校"。"分布式领导"这个词是舶来品，其实质是民主型领导，主张领导或引领不仅仅是书记校长的角色和职能，在不同层级、不同事务中，副校长、中层干部、普通教师均可发挥引领作用，也就是说，领导（引领）的角色与职能可以动态地"分布于组织成员之中"。分布式领导要求加强学校民主管理，把民主集中制作为推进党组织领导的校长负责制的关键之举，实行集体领导、民主决策，领导班子进行决策时，书记校长要"末位表态"，还要完善教代会、家委会、学代会、少代会、班委会等制度，推进教师、学生、家长参与学校管理，尊重教师、学生、家长的民主权利。要相信"三个臭皮匠，顶个诸葛亮"，最大限度地汇聚民智民意，以民主管理促进科学管理，使学校的各项工作更加合理化，减少甚至杜绝学校内部的官僚主义和形式主义。

四是提升教学领导力，坚守"课比天大"。广义的教学与广义的课程是同构的，都涉及教什么、怎么教、怎么评、怎么考等方面，因此教学领导力也可以称为课程领导力。教学是学校的核心工作，书记校长要做学校课程与教学改革的引领者，要引领教师落实核心素养导向的新课标。书记校长可以不上课，但是必须常听课、会评课，要做课程与教学改革的行家里手。书记校长如果不懂教学，外行领导内行，就很难让教师服气，进而降低学校办学的专业性。

五是提升学习领导力，强化"以生为本"。学习领导力（leadership for learning）是指书记校长的领导行为要落到学生的学习上。

与教学领导力更加关注教师的教不同，学习领导力更为关注学生的学，不仅关注学生的学习成绩，还关注学生的学习动力、学习态度、学习方法，以及学生的身体健康、心理健康、品德发展、审美发展、劳动创造等。书记校长要带头研究学生，了解学生的内心需求与喜怒哀乐，要引领教师特别是班主任了解班里的每一个学生，走进学生的心灵深处，成为学生的知心朋友，真诚地尊重学生、善待学生。

提升书记校长的五种领导力，概括起来，就是要求书记校长有变革学校的事业心，有价值引领、以德服人的感召力，并以教学领导力、学习领导力改进教学方式和学习方式，以分布式领导力改进学校管理方式、推进学校民主管理。有此五者，书记校长会成为好的领导者，学生、教师、学校发展会更上一层楼。

（原文发表于《中国基础教育》2024 年第 4 期）

校长教学领导力的提升：从"大校长" 该不该进"小课堂"谈开去

　　提升校长教学领导力是中国教育进入内涵发展的新的历史阶段的客观要求，是当前国际教育改革与发展的共同要求。目前，社会各界对于中小学校长教学领导力的关注越来越多，然而对于什么是校长的教学领导力，如何实现校长的教学领导力，还有很多模糊甚至矛盾的认识。本文拟谈一谈对校长教学领导力的理解。

教学领导力是校长领导力的核心

　　教学领导力是校长领导力的核心，是校长综合素质的集中体现。教学领导力的核心地位是由校长的职业角色定位决定的。美国学者斯佩克将校长角色定位为管理者、教育者和领导者，但在现实中，这三个角色间是有冲突的。当前许多校长用在管理上的时间较多，用在学校最核心的教学业务上的时间较少，没有时间关注课堂，因此很多校长在教育者这个角色上做得不太好。这种情况不仅在中国的校长群体中存在，而且国外的校长包括美国的校长也一样没有时间进课堂。

　　许多校长对管理和领导这两种行为的内在区别还不是很清楚。管理的本质是执行力，是实现既定目标，是把事做正确。而领导更多的是指做正确的事，是引领大家分清是非善恶，把握事物发展的方向。

领导者要具有很强的战略管理和战略规划能力，领导的本质是领导力。

因此，我们现在强调校长要从事务性的管理当中脱身，更多地关注一些宏观的问题，更多地关注课堂，其目的是让校长做一个领导者，做一个教育者。最理想的状态是一个校长既有很强的领导力，又有很强的执行力，通俗地讲，就是"把正确的事做正确"。

那么，校长该做的正确的事到底是什么？笔者认为，校长该做的最正确的事就是进课堂。正职校长该不该进课堂？或者说，"大校长"该不该进"小课堂"？对此问题，校长们的看法不尽相同。有的校长认为：我是"大校长"，我主外，抓关系、抓资金，学校有专门管教学的副校长，有他进课堂就足够了。还有的校长认为：课堂太小了，太基层了，我是抓大方向的，所以我不需要进课堂。对此，笔者认为，学校中最重要的事，恰恰就是发生在最小的课堂里面的事。校长进课堂后，其教育者、领导者的角色才能很好地结合起来，其教学领导者的形象才能真实地呈现出来。

因此，笔者认为，教学领导者是校长多种角色中的一个核心角色，它能够把管理者、领导者和教育者三个角色融为一体。校长应扮演好教学领导者的角色，提升教学领导力，在学校管理中既要站得更高、看得更远，也要更扎实地深入课堂，开展教学研究。

教学领导力与上课、听课、评课的关系

讨论校长教学领导力，就必然涉及上课、听课、评课问题。校长教学领导力等不等于校长上课？它与听课、评课是什么关系？各地方教育行政部门和校长本人对这些问题的看法与做法不尽相同。

校长该不该上课要视具体情况而定

目前很多地方的教育局规定：校长必须上课。例如：广东深圳市宝安区规定，正职校长每周至少要上 3 节课；广东广州市天河区规定，校长每周至少要上 3 节课；江西南昌市西湖区规定，校长每

周必须上 2 节课。一些教育行政人员认为，校长不上课就很难领导学校的教学工作，就不具备教学领导力。那么，究竟校长该不该亲自拿着课本去上课？对此，笔者既不反对，也不提倡。

校长与教师的职业分工不同。校长与教师的身份不同，职业定位也不同。《中华人民共和国职业分类大典（2005 增补本）》非常明确地把校长和教师作为两种性质不同的职业予以划分。校长的职业定位是管理人员，教师的职业定位是教学人员。书教得好的教师，未必能当好校长；校长当得好的人，未必书教得最好。让校长上课，在一定程度上是把校长和教师的职业定位混为一谈，存在一定的问题。

大部分校长很难保证教学时间。我们且不去讨论校长上课的质量如何，仅关注现实中校长的上课时间问题。校长是学校的第一负责人，经常要外出参加各种会议，应对各种事件，因此会经常调课，影响学校正常的教学秩序。

校长上课与否应视学校规模而定。如果学校的规模比较小，管理工作不多，那么在时间有保障的情况下，校长是可以上课的。如果学校的规模比较大，校长仅做管理工作就已很忙，那么他再去上课就肯定会影响教学和管理两方面的效果。

基于以上考虑，笔者认为，如果校长精力和时间允许，则可以上一点常态课；如果精力和时间不允许，则不必上常态课，但可以上一点示范课。

校长应"常听课、会评课"

校长听课比上课效益高

校长可以不上课，但必须"常听课、会评课"。相对于校长上课，校长听课对于学校教学工作的推动作用更大。

其一，时间上有保障。校长上课刚性很强，到点就必须去，否则就要调课，但听课的时间弹性很大，校长特别忙的时候可以连续两个月不听课，不是特别忙的时候可以连续听几十节课。校长自己能够灵活安排时间。

其二，校长听课对学校整体工作的推动作用更大。校长上课，只是其所教班的学生受益（在校长教得好的前提下）；校长听课，要听所有教师的课，这样可能对全体教师和学生的发展都有促进作用。

其三，校长听评课与教师听评课的视角不同。教师听评课一般局限于本学科，而校长听课，一般要听所有学科的课，关注的是学校教育教学工作中存在的整体性和普遍性问题。

怎样才算"常听课"

笔者建议校长"常听课"。那么，什么叫"常听课"？有一些地方教育局规定：校长一学期至少要听 20 节课。一学期听 20 节课，平均到每周仅仅是 1 节课。笔者认为，这不能算"常听课"，只能叫"偶尔听课"；一周不能少于 3 节课，才可能叫"常听课"。现在一些校长坚持每天第一节课时间雷打不动去听课，第二节课以后才去处理其他事务，这种工作安排值得借鉴。

怎样才能"会评课"

校长听课后必须评课。校长评课与学科教师评课不同。校长不可能也没有必要对教师进行学科知识点与教法的评价，校长在评课时应更倾向于通识性指导。校长应怎样评课？北京市教育科学研究院近年开发的一个评课框架值得关注（见表1）。

表 1　评课的结构与指标

评价项目	评价要点
教学目标	符合课标要求和学生实际的程度
	可操作的程度
学习条件	学习环境的创设
	学习资源的处理

续表

评价项目	评价要点
学习指导与教学调控	学生参与活动的深度
	学生参与活动的态度
	学生参与活动的广度
课堂氛围	课堂气氛的宽松度
	课堂气氛的融合度
教学效果	目标的达成度
	解决问题的灵活性
	师生的精神状态
学科特色	

在表 1 中，6 个一级指标中的前 5 个指标都是通识性的。无论校长听的是哪个学科的课，听完后如能基于前 5 个指标进行点评，则可达到我们的预期目标。针对不同学科，校长也可以借鉴表 2 的评价指标。

表 2　各学科的评课结构与指标

评价项目		评价要点
学科特色	小学语文	尊重学生个人的情感体验，注重语文能力培养
		正确地理解和运用语言文字
	小学数学	学习情境的创设
		基础知识的掌握与基本技能的形成
		数学思考的指导
		学生在数学活动中的表现
	中学语文	创设语文学习情境
		教师范读及学习示范
		教学语言面貌

评价项目		评价要点
学科特色	中学数学	数学思维活动的体现
		数学思想方法的学习
		数学应用意识的培养

如何提升教学领导力

校长做到了"常听课、会评课"，是否就意味着他已经具备了较强的教学领导力？教学领导力实际上就是"教学"加"领导力"，就是对教学的领导力。现在的问题是，我们往往把教学简单地理解为"教"，而实际上，教学既包括"教"，也包括"学"，西方国家尤其重视"学"。在对教学领导力进行深入探讨的过程中，国内外学者已经开发出一些有关校长教学领导力的模型。综合各种研究，结合当前我国中小学教育教学实践，笔者认为，校长教学领导力应包括这样几方面的内容。

明确的教学目标

校长要让学校内的每位成员都清楚本学校的存在意义，让每位成员都清楚教师"教"和学生"学"的终极目的。校长应该让师生明了，学校教学不是为了让学生学习有限的知识，更不是为了考试，而是为了更高、更全面的目标：其一，为了孩子的全面发展；其二，为了社会的全面进步。

合理的教学内容

这是"教"什么、"学"什么的问题。首先，学校要有一个完整的课程体系，这个课程体系不能仅仅依靠教师来建设，校长必须对课程有研究。其次，让每位教师教该教的内容，让每个孩子学该学的内容。

恰当的教学方法

这是怎么"教"、怎么"学"的问题。很多大城市的学生课业负担很重，其中一个重要原因就是学生学习方法不当，本来1个小时能做完的题要做3个小时。因此，校长要引导教师，既要教给学生知识，更要教给学生科学的学习方法。

优质的教师发展

校长要通过有效的校本教研和其他培训方式促进教师团队优质发展。校长不仅要研究教师，更要研究学生，要围绕学生发展来规划教师教研和培训的重点。

健全的学校与家庭、社区的联系

校长要引领学校充分发挥家庭和社区多方力量的作用，形成教学合力。目前在学校与家庭、社会的联系中，功利性的联系多，真正关注孩子全面发展、充分发展的联系比较少。校长应努力扭转这种局面。

充沛的教学条件支持

"大校长"在学校里具有最高的资源统筹能力，因此应把学校最重要的物质资源和制度资源用来支持教学活动。

科学的教学评价、发展评价与反馈

校长应主导学校建立明确的判断教师的"教"和学生的"学"的标准，要对教学工作进行及时反馈。

综上，笔者认为，校长的教学领导力主要体现在这七大方面。这些教学领导行为的达成，要远远超越资深的学科教师的行为能力，也是分管教学工作的副校长难以做到的，必须靠校长在学校层面上动用学校的整体资源才能实现。提升校长的教学领导力，也必须从以上诸方面入手。

（原文发表于《中小学管理》2010年第3期，
作者为褚宏启、刘景，收录时有改动）

校长核心素养与学生核心素养的对接

校长核心素养与学生核心素养能对接吗？当然能。校长核心素养与学生核心素养有内在联系。在复杂、多变、具有高度不确定性的 21 世纪，教育的主要目标是应对 21 世纪的挑战，培养学生的 21 世纪素养即核心素养，具体包括创新能力、批判性思维、公民素养、合作与交流能力、自主发展能力、信息素养等。这些素养分别是创新精神、科学（理性）精神、民主法治精神、合作精神、独立自主精神的体现。

校长最重要的工作，就是培育学生的这些素养。也就是说，校长的核心素养就是"培育学生 21 世纪核心素养的素养"，就是让学生习得、掌握核心素养的素养；更进一步讲，就是校长为培育现代人、促进人的现代化、让学生在 21 世纪能更好地生存与发展、让我国教育更具有国际竞争力而应该具备的素养。正是在这个意义上，校长核心素养与学生核心素养实现了对接，建立起深层次的内在联系。

一个人活在世上，做事做人，需要具备两类素养：一类是从事某种具体职业需要具备的"专门素养"（或者叫职业素养、专业素养）；一类是人人都需要具备的"共同素养"。那么，要培育学生 21 世纪的核心素养，校长应该具备什么样的核心素养？

第一类是"专门素养"方面的核心素养。要做好工作，校长需要具备很多方面的素养，但最为关键和核心的素养包括：规划学校发展、营造育人文化、领导课程教学、引领教师成长、优化内部管理、调适外部环境。这六大核心素养反映了校长作为学校领导者和管理者的业务能力，也是我国义务教育阶段校长专业标准和普通高中校长专业标准中所共同确定的专业素养。但这六种核心素养的地位并不一样，其中最核心的，是校长"领导课程教学"的素养，即"校长的教学领导力"。因为教学是学校的核心业务，教师通过教学去影响学生发展，学生通过教学获得发展。培育学生的核心素养，教学是关键、课堂是关键，校长只有更好地正确地引领教学，才能让学校的课程改革、教学改革为学生核心素养的培育服务，而不是只为提高考试分数服务。

第二类是"共同素养"方面的核心素养。共同素养分为基础素养与高级素养两个层次。基础素养主要指应对日常生活所需要的素养，如基本的读写算、遵守交通规则、不随地吐痰、不乱丢垃圾等素养。但在 21 世纪，一个人只具备基础素养和专门素养是不够的，必须具有更高级的素养。这些高级素养，即创新能力、批判性思维、公民素养、合作与交流能力、自主发展能力、信息素养。这些高级素养是人人都需要具备的"国民核心素养"，当然也是校长应该具备的国民核心素养。从教育的视角讲，只有校长具备了这些核心素养，才能去培养学生的这些核心素养。这些核心素养是创新精神、科学（理性）精神、民主法治精神、合作精神、独立自主精神的外在表现。我们很难想象，一个不具备这些现代精神、墨守成规、武断专断的校长，能有效高效培育出学生的现代精神、能使学生成为现代人。在六种国民核心素养中，对于校长来说，最为重要的是公民素养中的"民主素养"。在我国当前这个发展阶段，民主素养应该成为校长国民核心素养中的核心。这是因为，只有实行民主管理，才能在学校营造民主、自由、宽松的良好氛围，才能更好地培育学生和教师的创新能力、批判性思维，才能带来更多的交流与合作，才能更好地提升师生的积极性和自主性。民主是关键的关键，是核心的核心。

那么，上述两类校长的核心素养之间是什么关系？哪一类更重要？我认为，后者更为重要，因为后者之于前者，既是锦上添花更是雪中送炭，后者使校长的六种职业行为获得了灵魂和方向，使校长工作走出了事务主义的藩篱，有了更高的境界和追求，使得校长成为一个具有现代精神的现代校长。

进而，既然校长职业素养中六项核心素养的核心是"教学领导力"，共同素养中六项核心素养的核心是"民主素养"，那么校长的两个"核心素养的核心"可否融合为一？当然可以。二者融合为一就是"教学民主的领导力"，即校长让每一堂课具有民主自由宽松的氛围、让每一堂课充满生机与活力的引领能力和管理素养；学校的一切工作、校长的一切工作，都是为此服务的。而"让每一堂课具有民主自由宽松的氛围、让每一堂课充满生机与活力的引领能力和管理素养"，就是校长"核心素养的核心"。

（原文发表于《中小学管理》2017 年第 2 期）

校长专业标准与校长核心素养

20 世纪 90 年代以来，美国、英国、新西兰、澳大利亚等国家先后建立起校长专业标准，其中有的国家还根据形势的发展，对原来的专业标准进行了修订。① 2013 年 2 月，我国教育部印发《义务教育学校校长专业标准》；2015 年 1 月印发《普通高中校长专业标准》《中等职业学校校长专业标准》《幼儿园园长专业标准》。各界希望借助校长专业标准提升校长队伍素质，指导校长全面促进学校发展，进而提升教育质量。

考察欧美等国的校长专业标准，我们可以发现，其框架主要由两个维度构成：活动维度和素质维度。活动维度是指"校长的职业角色和职业活动"，明确校长应该做什么。素质维度一般包括专业知识、专业能力和专业精神等。如果说专业知识、专业能力解决的是"会不会""能不能"的问题，那么专业精神则更多地强调"愿不愿"。② 两个维度交叉后，就得出校长专业标准的框架结构：根据校长的职业活动，确定校长每一种职业活动应该具备的专业知

---

① 褚宏启，贾继娥. 我国校长专业标准：背景、结构与前景 [J]. 中国教育学刊，2013（7）：1-6.

② 刘玲. 中小学校长专业标准研究 [M] //褚宏启. 中国教育管理评论：第 3 卷. 北京：教育科学出版社，2005：232-276.

识、专业能力和专业精神，最后得出校长专业标准的各项具体指标。

从活动维度讲，我国校长专业标准把"校长的职业角色和职业活动"称为"专业职责"，主要分为以下六种：规划学校发展、营造育人文化、领导课程教学、引领教师成长、优化内部管理、调适外部环境。这六种活动是对校长工作的高度概括，既简明扼要，又系统全面。从素质维度讲，我国校长专业标准从专业理解与认识、专业知识与方法、专业能力与行为三个维度界定校长的专业素质，这与专业精神、专业知识、专业能力三个维度是相互对应的。据此，我国各种校长专业标准对于校长的具体专业要求都是 60 条，因此我们可以把我国的校长专业标准简称为"校长专业标准 60条"。

这些专业标准对于促进我国校长队伍的发展至关重要。然而，专业标准所列举的诸多要求，对于校长发展和学校发展的作用并不相同。本文结合当前我国教育发展、学校改进、校长成长中存在的突出问题，阐明当前背景下我国普通中小学校长应具备的三大核心素养，以使校长为数不多的核心素养从 60 条专业标准中凸显出来，便于教育行政部门突出重点开展校长评价考核，便于教育培训机构突出重点开展校长培训活动，也便于校长抓住重点自我认知、自主发展，促进教育又好又快地发展。

目标管理的素养

任何管理活动的起点都是目标，重点都是评价。没有目标，就谈不上真正的管理；目标出现偏差，管理就会走向歧路。"培养什么人、怎样培养人、为培养人提供什么样的支持"是校长必须关注的三大问题。其中，"培养什么人"最为关键，培养目标不明确，其他工作就会很盲目或出现偏差。

衡量教育管理、学校管理做得好不好，关键是看教育的结果和质量，即学生的发展状况。美国学者威洛尔指出："人们越来越把教育管理视为工具性的，视为实现组织目标和社会目的的一种手段。道理很简单。开办学校的目的是教育学生，而管理正是为此服务的。"在教育管理中，管理是手段，是为教育服务的；而教育也是手段，最终是为学生发展服务的。

在现实中，我们常常看到，理想的教育目标难以达到，现实的教育结果不尽如人意，理想目标与实际结果存在反差。学生总体发展水平不高，片面发展严重，可持续发展能力不强。以分数为本的教育导致了人的异化而不是人的解放，学生素质不能适应自身可持续发展的要求、不能适应经济社会变革的要求、不能满足国际竞争的要求。

现行的校长专业标准在"规划学校发展"这个专业职责中，对于学校发展目标谈得较多，而对于学生培养目标表述不够。实际上，培养目标是学校发展目标的出发点和归宿，也是落实"育人为本"的关节点和关键点。教育管理必须以正确的发展观、教育观、人才观、质量观为基础。建议将来在修订义务教育学校校长专业标准时，在专业职责一"规划学校发展"中，明确提出培养目标即培养什么人的问题，并予以深化和细化。①

校长必须明确教育管理的目标在于促进学生发展，具体而言，在于促进学生的全面发展、个性发展、主动发展、可持续发展。全面发展与个性发展是就结果而言的，主动发展是就过程而言的，可持续发展是面向未来而言的。只有树立了这样的学生发展观，并以促进四个发展作为管理的目标，校长的教育管理活动才不会偏离正确的方向。

---

① 褚宏启，贾继娥. 我国校长专业标准：背景、结构与前景［J］. 中国教育学刊，2013（7）：1-6.

综合管理的素养

"培养什么人"明确之后，"怎样培养人"和"为培养人提供什么样的支持"就成为关键问题。笔者之所以强调校长之综合管理的素养，原因有三。

其一，教育改革进入深水区，许多问题盘根错节，纠缠在一起，单项改革很难奏效，综合改革势在必行，而综合改革要求校长必须具有综合管理的素养。

其二，影响学生发展的因素有很多，必须在管理上综合考虑这些因素，才能有效促进学生的发展。课程设置、教学方法、学习方法、睡眠时间、课业负担、考试评价、教师素质、管理方式、社团活动、家校合作、家庭教育等都会影响学生发展，需要对这些方面进行综合管理。

其三，学校管理也包括多项工作，从管理内容上看，包括教育规划、课程管理、教学管理、经费管理、人员管理、质量保障、督导评价等；从管理流程上看，包括计划、决策、执行、控制等多个环节。校长不能顾此失彼，必须统筹考虑这些方面，进行综合管理。

校长的综合管理素养对于推进学校综合改革、整体改进、全面育人至关重要。综合管理实质上要求校长具有整体思维、系统思维、战略思维，从全局把握学校发展，实现包括学生学习方式、教师教学方式、学校管理方式在内的学校发展方式的整体性变革，使学校发展方式从主要依靠财力物力资源投入、时间投入（师生加班加点、牺牲身心健康）、强化考试技能（死记硬背、题海战术），转向主要依靠课程结构优化、培养方式改善、队伍素质提高、管理方式创新的轨道上来。

现代管理的素养

校长无论是实行目标管理还是综合管理，都应该具有明确的和正确的价值导向，都应该具备现代精神。而现代教育管理是指具有现代精神的教育管理。人们一般把教育管理的科学化、民主化、法治化作为现代教育管理的基本特征。与之相应，校长的现代管理素养是指校长科学管理、民主管理、依法管理的素养。只有具备这些素养，校长才能被称为现代校长。现代校长的使命是：在学校中实施现代管理，兴办现代学校，培养现代人，为建设现代国家服务。

科学管理：反对主观性和随意性

复杂性日益增强是现代教育的一个重要特征。复杂的教育系统，不能依赖经验管理，不能单方面地采用行政手段，也不能简单地遵照市场规则，而要在遵循教育规律与管理规律的基础上，运用科学的方法进行管理。

科学管理，是指教育管理的科学化或者理性化，是指教育管理的合理性，要求合理规划人力、财力、物力等教育管理资源的分配与使用，用尽量少的消耗，更好、更快地开展更多的工作，以促进教育目标的充分实现。教育管理的科学化，从要素上看，表现为适宜的发展目标、合理的管理体制、完善的规章制度与胜任的管理人员等；从过程上看，表现为科学的决策、有效的执行、及时的反馈与灵活的调节。①

科学管理与教育管理的主观性、随意性相对立，管理应该以事实为依据（data-based，evidence-based），要"实事求是"，通俗一点讲，就是"讲道理"。学校的改革与发展也要讲道理，不能搞形式、瞎折腾，应该实事求是，校长应该以求实、平和的心态而不是浮躁的心态引领学校的改革。校长在从事管理工作时，应该深入实

---

① 褚宏启，张新平．教育管理学教程［M］．北京：北京师范大学出版社，2013．

际调查研究，了解学生心理，尊重教育规律，以科学发展观统领学校的发展，以数据、证据为基础，开展管理活动，促进学校的健康、协调、可持续发展。

科学管理的前提是科学认识。这要求校长提高自身的研究素养，做研究型校长，对于社会发展、人的发展、教育发展，以及教育发展与人的发展的内在机理，对于教育管理的目的、内容和方式，要有系统而深刻的认识。校长需要改进自己的思维方式，切实提升发现问题、分析问题、解决问题的能力。

民主管理：反对专制与独断

民主管理与专制独断相对立，是现代管理的基本特征。民主管理是科学管理的制度保障。民主制通过程序的理性化，保障决策的理性化，从本质看，它是一种程序化了的纠错机制和权力制约机制。改革开放以来，尽管我国教育管理民主化进展很大，但学校管理中长官意志、"一言堂"、个人专断等非民主做法仍然大量存在，"大事不商量，小事大商量"的现象并不鲜见。学校管理的民主化依然任重道远。当前，教育治理变革是中小学管理改革的热点，其实质是多元主体参与的民主管理。

校长要充分认识到民主管理的意义，并具备实施民主管理的能力与技巧，重点要做好以下工作。第一，完善集体决策制度。健全校内集体决策规则，完善决策程序，避免个人专断。凡是有关学校发展方向、基本建设、重大教育教学改革和师生切身利益的事项，都要充分听取利益相关者和专业机构的意见，要进行可行性评估，最后进行集体决策。第二，健全师生参与学校治理的制度。健全教职工代表大会制度，充分发挥其民主监督和参与学校管理的作用。扩大教职工对学校领导和管理部门的评议权、考核权，积极探索师生代表参与学校决策机构的机制。第三，建立健全家长参与学校治理的制度。完善中小学家长委员会制度，通过建立班级和学校两级家长委员会，使家长参与、监督学校管理，促进家校合作。

依法管理：反对人治

依法管理学校是法治国家对于教育管理的基本要求，是法治思维在学校管理中的具体体现。教育法治化是教育秩序的基本保证，没有法制和法治，必然产生教育混乱。更重要的，法治化是科学化和民主化的基石，科学管理的经验和做法、民主管理的规则和程序，都必须通过法律化才能具有强制力，才能成为约束管理行为的强制性规范。因此，通过法制手段、法治思维推进教育发展和教育现代化，是世界各国的普遍做法和共同经验。

依法管理的具体要求是有法可依、有法必依、违法必究、执法必严。法治反对人治，反对个人专制，反对"一言堂"，要求校长在学校管理中以规则为依据（rule-based），尊重程序，避免长官意志、个人专断所带来的随意性和危害性。校长要做遵纪守法的模范，为全体师生树立榜样。校长要建立健全学校各项规章制度。当前加强现代学校制度建设、运用制度手段管理学校是法治精神的具体体现。在学校层面，以学校章程为核心的学校规章制度体系建设需要大大加强。需要通过制度建设，明确多元主体在学校管理中的权利、义务、职责，明确各主体参与管理的范围、程度，明确学校与教师、学校与学生、学校与家长等等之间的关系，明确学校管理中的各种程序性规定。只有这样，才能形成良好的管理秩序，才能大大减少交易成本，从而提高管理效率。没有法治，就没有秩序和效率，"好管理"就无从谈起。

（原文发表于《中小学管理》2015 年第 3 期）

锦上添花与雪中送炭：
校长专业标准何以必要

　　2013 年 2 月，教育部颁布了《义务教育学校校长专业标准》（下文简称《校长专业标准》），这是我国教育史上的一个重要事件，对于促进校长队伍的专业化具有重要意义。本文着重从基本特征和主要价值的视角，从四个方面对《校长专业标准》予以解读。

　　第一，《校长专业标准》明确了校长的职业定位，确定了其"专业人员"身份，为校长专业化实践奠定了制度基础。

　　《校长专业标准》最重要的意义之一就在于，有助于促进校长职业真正实现"非行政化"和"非教师化"，有助于校长确认自己的"专业人员"身份，增强校长的职业认同感、自豪感和责任感。

　　《校长专业标准》明确指出："校长是履行学校领导与管理工作职责的专业人员。"为什么提"专业"而不提"职业"呢？这是因为专业和职业这两个概念是有区别的。职业种类繁多，各种职业的成熟度相差甚远。根据发展程度的不同，社会职业一般可以分为三类：（1）专业性职业，如医生、律师、会计师等；（2）半（准）专业性职业，如护士、图书管理员等；（3）非专业性职业，如售货员、勤杂工等。①

而专业，就是专业性职业的简称，它可以被通俗地理解为"高级职业"。专业最大的特征，就在于它必须具备一整套专门的知识和技能，因此它不是什么人都可以从事的。②

以此来衡量我国中小学校长这一职业，不难看出，目前我国中小学校长职业的专业化程度相对较低，重要原因之一就在于校长专业知识、专业能力等专业属性的模糊性，校长所需的知识、能力结构等尚未界定清楚。

追根溯源，根本原因在于我们对"中小学校长是一种职业"的意识相对淡薄。由于专业化是指职业的专业化，因此，承认"校长是一种职业"是讨论校长专业化问题的逻辑前提。但一方面受官本位政治文化的影响，我国长期沿用行政体制对校长进行管理。过去很长一段时间内，校长被认为是上级党委和政府直接任命或选任的"干部"。直到现在，校长职业仍然具有很强的行政官员的色彩。另一方面，我国绝大多数校长都是"教而优则仕"，从优秀教师直接走上学校的行政管理岗位，而且不少校长在担任校长职务后继续兼任教学工作，所以仍认为自己是"教师"，而没有把校长作为一种相对独立的职业。同时，校长的职称大都是按照教师职称标准进行评定，更加强化了对这种观点的认同。这两种看法是导致校长职业意识淡薄的主观因素，而职业意识的淡薄，又进一步阻碍了校长队伍的专业化发展。

此时，建立一套校长专业标准势在必行，以便对校长这一职业所需要的专门知识和技能进行清楚界定。《校长专业标准》因此应运而生。它的出台，不仅是增强校长职业认同感和专业责任感的关键所在，而且有助于提升校长职业的专业性，提高校长职业的社会地位。

---

① 褚宏启. 走向校长专业化 [J]. 教育研究, 2007 (1): 80-85.

② 李卫兵, 李轶. 校长职业化与校长专业化 [J]. 中小学管理, 2003 (11): 4-6.

第二，《校长专业标准》内容系统全面，对校长的专业职责和专业要求予以全面系统的规范，能够全面指导与支撑校长的专业发展。

考察许多国家的校长专业标准可以发现，校长专业标准的框架主要由两个维度构成：活动维度和素质维度。

活动维度是指"校长的职业角色和职业活动"，明确校长应该做什么。我国《校长专业标准》把校长的职业角色和职业活动分为以下六种：规划学校发展、营造育人文化、领导课程教学、引领教师成长、优化内部管理、调适外部环境。

我国《校长专业标准》把这六种职业活动称为"专业职责"。这六种活动是对校长工作的高度概括，既简明扼要，又系统全面，对于指导校长全面促进学校发展具有重要的意义。

校长专业标准框架的另一个维度是素质维度，该维度一般包括专业知识、专业能力和专业精神等。

任何一类专业都有自己相对完整的专业知识体系，专业知识为校长开展管理工作提供了智力支持，是校长从事学校管理活动的依据。专业能力是校长成功解决某种问题时所表现出的有良好适应性的个性心理特征，在问题解决过程中则表现为运用和操作知识的能力。专门性职业对社会有着重要的作用和贡献，这种社会功能属性决定了从业人员必须具备较高的专业精神以更好地履行专业职责和承担社会责任。具体来说，专业精神包括了校长个体的专业理念、专业伦理以及专业自我三方面内容，"专业态度""专业品质""专业修养""专业信念"等都是相关的概念表述。如果说专业知识、专业能力解决的是"会不会""能不能"的问题，那么专业精神更多地强调"愿不愿"。①

---

① 刘玲. 中小学校长专业标准研究［M］//褚宏启. 中国教育管理评论：第3卷. 北京：教育科学出版社，2005：232-276.

应该说，我国《校长专业标准》从专业理解与认识、专业知识与方法、专业能力与行为三个维度界定校长的专业素质，与专业精神、专业知识、专业能力三个维度是相互对应的。

但是，仅凭知识、能力、精神三个方面还不能完全建构起"校长专业标准"。因为这三者只是专业素质的"形式要素"，它们回答不了"校长应该具备什么样的知识、能力和精神"这一实质问题。因此，形式要素必须与"实质要素"即活动维度结合，才能具体化。也就是说，根据校长的职业活动，确定校长每一种职业活动应该具备什么样的专业知识、专业能力和专业精神，最后得出校长专业标准的各项具体指标。

我国《校长专业标准》具体内容的开发思路与此相似。每一项"专业职责"（职业活动）中，都提出了相应的 10 条"专业要求"（专业素质要求）。其中，专业理解与认识 3 条、专业知识与方法 3 条、专业能力与行为 4 条。这样，我国的《校长专业标准》把校长的专业职责确定为 6 项，对于校长的具体专业要求共有 60 条。因此，可以把我国的《校长专业标准》称为"校长专业标准 60 条"。

这 60 条专业标准不是随意确定的。它不仅充分反映了我国校长专业理论研究的新进展，充分借鉴了其他国家制定校长专业标准的新经验，而且充分体现了我国教育改革和发展对于校长队伍素质的新要求。在我国教育史上，我国校长专业标准第一次对于校长的素质提出了富有前瞻性的、结构化的具体要求，任何一位校长，不论是初任校长还是资深校长，不论是教育从业人员还是其他行业人员，都可以从这 60 条中看到对于校长的具体素质要求。因此，《校长专业标准》为我国中小学校长的专业成长、素质评价、外部监督提供了具体的指标框架。

第三，《校长专业标准》实践导向鲜明，能积极回应教育改革与发展中的难点与热点问题，针砭教育时弊，有利于解决教育现实问题。

我国的《校长专业标准》，其实践导向的特点非常鲜明。例如，《校长专业标准》第 1 条充分反映了当前我国提高教育质量、促进教育公平的基本要求：校长要"明确学校办学定位，履行实施义务教育的工作使命，保障适龄儿童、少年平等接受有质量的义务教育，着力保障农民工子女、残疾儿童少年、家庭经济困难学生的受教育权利"。

再如，《校长专业标准》第 28 条、第 29 条、第 30 条要求校长追求教育的内涵发展，不以考试成绩和升学率衡量教育质量，切实减轻学生过重课业负担。具体表述是：认真落实义务教育课程标准，切实减轻学生过重课业负担，不得随意提高课程难度，不得挤占体育、音乐、美术及少先队活动等课程的课时，确保学生每天一小时校园体育活动（第 28 条）；建立听课与评课制度，深入课堂听课并对课堂教学进行指导，每学期听课不少于地方教育行政部门规定的课时数量（第 29 条）；积极组织开展教研活动和教学改革，建立完善促进学生全面发展的教育教学评价制度，不片面追求学生考试成绩和升学率（第 30 条）。

这些具体而微的标准，给校长队伍专业化指出了一条切实可行的道路，也使《校长专业标准》有了较强的可操作性、实用性。

第四，《校长专业标准》应用范围广泛，对于促进校长的专业发展，促进学生、教师和学校的发展，完善我国校长管理制度都具有重要价值，用足用好《校长专业标准》是当前我国基础教育领域的一项重要工作。

综观《校长专业标准》，它强调了以下基本理念，即校长的核心使命是"育人为本""引领发展"；校长个人素养要"以德为先""能力为重"；校长要保持专业水准，需要"终身学习"。

校长在履行自身专业职责时，应以这些基本理念为引领。校长必须清醒地认识到，自己作为学校的领导者和管理者，核心使命是"育人"，而不同于医院院长的"救死扶伤"。因此，校长在履行专业职责时，要把促进每个学生健康成长作为自己一切工作的出发点和落脚点。校长不仅要促进学生的全面发展、个性发展、自主发展、可持续发展，还要促进教师的专业发展。为此，校长要具备较高的专业素养，要德才兼备，要坚持终身学习，才能跟上时代的步伐。

因此，尽管《校长专业标准》的切入点和着眼点是校长，但其最后归宿则是学生、教师和学校的发展。《校长专业标准》实际上是校长如何促进学生、教师、学校发展的标准，而且这些标准是超越现实的相对较高的标准，对于校长具有引领作用。正如美国学者威穆尔在谈到美国校长专业标准时所说的那样："对学校来说，要想获得发展，必须树立较高的标准。高标准才有高绩效。如果最初只设立了一个很低的标准，那么你所能得到的不过就是如此罢了。然而，这些标准真是所谓高不可攀的梦想吗？实际上不是的。它们为我们提供了通向学校发展未来的具体途径，它们指向了较高的目标。这些标准为所有的学校领导者提供了成为杰出领导者的基本框架。每个人每天都应该对学校进行规划以达到标准中描述的状态。"①

此外，《校长专业标准》对于完善校长管理制度也有重要意义。我国校长管理制度的现状不容乐观。不少重要的校长管理制度如聘任制度、考核制度、监督制度、薪酬制度、奖惩制度、工作保障制度等都不完善。而《校长专业标准》有助于完善这些制度。有了科学、合理的专业标准，明确了校长应具备怎样的知识、能力结构，才能保障聘任到优秀的校长，才能以此对校长的工作进行有效的评价和监督，才能按照校长能力的大小和工作效能的高低确定相应的薪酬。

---

① Wilmore E L. Principal leadership: applying the new educational leadership constituent council（ELCC）standards［M］. California: Corwin Press, 2002: 6.

　　改革开放以来，我国校长队伍建设成就显著。但社会的急剧变革和教育的快速发展对教育质量与公平提出了更高的要求，也对我国校长队伍提出了更为严峻的挑战。在这种背景下，《校长专业标准》的出台对于我国校长队伍的专业化发展而言，是锦上添花，更是雪中送炭。我们要充分发挥《校长专业标准》的引领和导向作用，充分用好、用足该标准。

（原文发表于《人民教育》2013 年第 12 期）

提升学校管理水平需做好五项工作

我们常说，校长是一个学校的灵魂。校长只有具备了专业领导力，才能让更多的人愿意追随。

当一个校长离开一所学校的时候，能留下些什么？校长留下的最好的东西，不是个人功绩，甚至不是办学思考，而是一个比较好的组织架构，一套科学合理的制度规则，一种获得师生认同的价值文化。

这就要求校长具备较强的综合管理素养。校长的综合管理素养对于推进学校综合改革、整体改进、全面育人至关重要，而综合管理实质上要求校长进行整体思维、系统思维和战略思维。

在新时代，校长要做好管理，必须明确价值目标，夯实管理基础，优化管理流程，抓住重点工作，推进现代管理。

明确价值目标，把管理做优

学校管理的价值追求应该是有序、高效和公平。学校管理有两个基本目标：一是让学校运行得有秩序，二是提高管理效率。

但学校管理还有两个更高层次的目标，即尽可能达到管理的公平和效能的最大化。公平指资源、利益分配合理，效能则是指目标达成度。在日常管理中，管理者往往最关注秩序，因为秩序往往代表着学校能够正常运行且运行良好，但是就管理目标来说，效能才是最重要的。

学校管理中如果出现问题，一般会存在三个问题——散、乱、慢。"散"代表着学校管理分散化、碎片化，需要一个系统的统筹；"乱"代表着学校管理无序、混乱以及不够规范，需要加强秩序管理；"慢"代表着学校管理低效、无效甚至负效，需要加强效率管理。学校管理者通过追求秩序、追求效能可以解决这些问题。

任何管理活动的起点都是目标，终点都是评价。没有目标，就谈不上真正的管理；目标出现偏差，管理就会走向歧路。"培养什么人、怎样培养人、为培养人提供什么样的支持"是校长必须关注的三大问题。其中，"培养什么人"最为关键，培养目标不明确，其他工作就会很盲目或出现偏差。

夯实管理基础，把管理做实

一个好的管理者要做好"三个建设"，即组织建设、制度建设以及文化建设，这三个建设对应着学校运行的机构、规则以及价值观。

人们会发现，一些学校会因为机构设置不够合理而产生一系列管理难题。这就需要管理者正确处理"分权"和"集权"的关系。"分权"有利于扩大基层自主权，调动基层积极性，但是管理者不要老想着"分权"，因为有时"分权"是为了推卸责任；管理有时也需要"集权"，解决下级不能解决的问题，"分权"与"集权"这两者并不矛盾。组织结构的设计与改进，需要权责一致，精简高效，"集权"与"分权"相结合。同时，加强组织结构建设，还需要各部门分工协作，让管理跨度具有合理性，同时保证信息渠道畅通。

校长需要加强制度建设，好制度的作用是能够带来秩序，带来效率，更重要的是制度能够带来动力。好的制度可以降低沟通成本，提高管理效率，同时发挥激励人这一最重要的作用。

一个好的制度关键是激励，这从改革开放 40 年来的经验里可以得到验证。人事制度的灵魂就是激励和约束，目前，重点要解决学校内部的人事制度改革，这项涉及每个人的改革要让所有老师知道四件事情——有底线，有方向，有回报，有发展。

管理者要加强文化建设，文化价值属于价值观引领范畴，只有现代价值观才能创造现代文化。管理者的意义就是在管理过程中提升人，以管理育人。管理者需要意识到，人是目的，不是工具。管理者要做到有情有义，才能实现更好的发展。

优化管理流程，把管理做全

在日常管理中，管理流程切忌残缺不全、虎头蛇尾。管理流程包括计划、实施、总结这三个阶段。管理的起点是计划中的目标确定环节，终点是评价考核。

学校管理中，计划有着特别的功能。计划提出管理者与非管理者的共同愿景，具有前瞻性；计划明确总体发展方向以及未来几年的工作重点，具有战略性；计划还能够提升教职工的整体思维，具有全局性。

因此，计划迫使管理者具有前瞻性来降低不确定性，设定目标和标准用于过程控制及结果评价、反馈，促进全校教职工的主动发展。

计划于个人有着特别的意义，它能反映出理性发展的水平。学校发展也是一样，学校如果没有长期的清晰的发展目标，很难得到发展。

特别是校长一定要有目标管理能力，校长最重要的目标就是培养目标，就是培养什么样的人。我们的培养目标是培养具有现代精神的现代公民，就是培养现代人、建设现代国家。

最后，学校管理中，评价考核要做实。如果评价考核形同虚设，那么教育目标很难落实。考核中要有一个明确的底线要求，同时明确激励方向，构建激励组合，加大激励力度。目前，公立学校中的教师激励还是一个问题。

推进现代管理，把管理做出境界

校长做管理，应该具有明确的和正确的价值导向，应该具备现代精神。校长的现代管理素养是指校长的科学管理、民主管理、依法管理的素养。

我们做管理要讲道理，尊重人，守规矩。校长在从事管理工作时，应该深入实际调查研究，了解学生心理，以科学发展观统领学校的发展，以数据、证据为基础，开展管理活动。依法管理重在制度建设，以制度管理人、约束人。当前加强现代学校制度建设、运用制度手段管理学校是法治精神的具体体现。没有法治，就没有秩序和效率，"好管理"就无从谈起。

管理者要把管理做出境界，需要关注以下几个关键点。

提高参与度。参与教育治理的主体范围越宽，各类利益相关者的代表性和话语权越充分，对于管理事务的参与程度越深，就越能体现民意民情，最后，善治的程度也就越高。

增强透明度。教育利益相关人和社会公众对于教育治理信息享有知情权，有权利获知政府信息和学校信息，这些信息包括招生、课程、教学、人事、预算、支出、学生资助、就业等。信息透明度越高，政务公开和校务公开越充分，多元治理主体就能越有效地参与治理并监督治理过程。

追求新秩序。教育秩序包括教育教学秩序、教育从业者工作秩序、教育管理秩序等。教育治理的初级价值或者说基础性目标就是定分止争，规范教育行为，为教育带来秩序。但善治所追求的不是高压秩序，如某些学校内部管理中的高压带来的死气沉沉的秩序，而是参与所带来的充满活力的秩序。

追求真效率。善治必定是有效率的治理。教育治理本身由于多元主体的参与，需要更多的沟通、协商，决策过程也更为漫长，容易导致"管理"本身的低效和无序。但一种理性化、制度化的纠错机制，有助于形成共识、达成科学决策，从而有利于决策的执行，并最后带来教育的"长期效率"，即反映个体发展与社会发展需求、反映公平诉求的效率。

抓住重点工作，实现实质突破

校长的管理职责主要有：把握学校的定位与方向，不偏离目标；把握学校的生存底线，维护经费与保障运行；追求卓越发展，提升核心竞争力；对内统筹协调，做单一部门做不了的事情，对外获取资源，包括处理好对上关系、对外关系等。

校长做管理，关键是"管人"，"管人"不是把人管住管死，而在于让人有能力、有动力，获得更好的发展。管理不是校长一个人唱独角戏，而是分层管理，各司其责，形成合力。在日常管理中，校长要警惕角色越位、错位与缺位的现象，要充分发挥副校长、中层干部的作用。

总而言之，学校管理者要明确价值目标，追求秩序、效率、公平、效能，把管理做优；要夯实管理基础，做好组织、制度、文化建设，把管理做实；要优化管理流程，注重目标与评价的一致性，把管理做全；要推进现代管理，即推进科学、民主、依法管理，把管理做出境界；要抓住管理关键，提升核心竞争力，实现重点突破。

（原文发表于《现代教育报》2019 年 6 月 5 日，收录时有改动）

教育发展方式转变与校长培训改革

　　教育发展是一个由背景、目标、投入、过程、结果（产出）等方面构成的大系统。教育发展方式是指教育发展的手段、途径与模式。当前我国教育发展已经进入内涵发展的新阶段，教育发展方式必须做出相应改变，校长培训也必须随之变革。

我国教育发展方式转变对校长培训的挑战

我国教育发展中存在的突出问题

　　问题主要表现在：其一，从数量维度看，我国改革开放以来教育系统所产出的人才在总量上实现了历史性突破，但在结构上存在突出问题，技能型人才尤其是高水平技能型人才严重短缺，人才结构与就业结构、产业结构不匹配，严重制约我国产业升级和经济发展方式转变。其二，从质量维度看，学生总体发展水平不高，片面发展严重，可持续发展能力不强。过度追求升学率导致中小学生课业负担过重，身心健康受到严重损害，学生的学习能力、创新能力、实践能力不足，适应社会和就业创业能力不强，以分数为本的教育导致了人的异化而不是人的解放。学生素质不能适应自身可持续发展的要求，不能适应经济社会变革的要求，不能满足国际竞争的要求。

　　教育发展方式是处于教育发展的理想目标与实际结果之间的中间环节。要改变上述发展结果，解决上述现实问题，就必须转变教育发展方式。

教育发展方式转变的总体要求

　　我国教育发展方式转变的总体要求是：使我国教育发展从主要依靠规模扩张、财力物力资源投入、时间投入（师生加班加点）、强化考试技能（死记硬背、题海战术），转向主要依靠教育结构优化、学生培养模式改善、队伍素质提高、教育研究支持、管理方式创新的轨道上来，促进我国教育发展方式的升级与转型，从而真正实现教育"又好又快又省"的发展。缺什么，补什么，我国教育发展系统中好模式、好人力、好知识、好结构、好制度匮乏，而且彼此的整合匮乏，彼此的协同也匮乏，转变教育发展方式的直接目的在于弥补这些缺失。[①]

教育发展方式转变对校长培训的挑战

　　事在人为，教育实践活动的优劣成败，关键在人，取决于教育实践者即教育从业人员的专业素养，取决于教育人力资本的积累，高水平的教育实践需要专业化的教师队伍、学校管理人员队伍、教育行政人员队伍。教育从业人员整体水平不高成为制约我国教育又好又快发展的瓶颈。

　　三支队伍中，校长队伍最为重要。学校是基本的办学单位，校长是学校的灵魂，校长对于转变学生的学习方式、教师的教学方式、教师的培训方式、学校的管理方式（尤其是学生与教师的评价方式）具有深刻的影响。教育发展方式的根本转变取决于每一所学校发展方式的转变，取决于校长思维方式和工作方式的转变。因此，必须加强校长培训，优化校长培训的要素组合与资源配置，采

―――――――――――――――

　　① 褚宏启. 论教育发展方式的转变 [J]. 教育研究，2011（10）：3-10，15.

取多种举措，提高培训的针对性与实效性。

校长培训的要素分析与优化整合

校长培训主要有哪些要素？

影响经济发展的要素（生产要素）主要包括资本、劳动、自然资源、技术、技能、结构、制度等。相应地，影响校长培训的要素（或者说培训的生产要素）主要包括资本（培训条件和培训经费）、劳动（培训者时间投入）、学员身心条件、培训课程、培训技术与知识、培训技能、培训体系结构、培训制度等。过去，我们关注较多的是资本、劳动、学员身心条件等要素，对后面几个要素中的问题重视不够，如课程体系不实用、培训技术和知识研发不够、培训技能不够、师资力量跟不上等。今后，我们应该更加重视后五个要素。

我们既要反对把所有要素平等、无差别地对待，也要反对"单一因素决定论"，尤其要反对教育经费决定论（唯资本论）。事实上，有些地方的校长培训搞得不好，并不只是"钱"的问题。

如何优化单一要素？

每一个要素的变化都具有关联效应，我们要努力促进每个要素的正向变化。要素的正向变化是指其数量增加（可从存量与增量两个维度考察）、质量提升、使用效率提高。例如：现在，校长培训的经费越来越多，这时我们就需要"学会花钱"——优化支出结构，提高经费使用效率。有些发达地区的培训经费非常充裕，有些"豪华培训"（包括一些出国培训）花了很多钱，但培训效果并不好，经费被严重浪费。在将来的校长培训中，我们要逐一优化培训的八个要素。优化本身就是一种发展。

如何优化组合不同的要素？

校长培训的结果不是各个要素的简单相加，而是不同要素优化组合后所产生的"化学反应""乘数效应""裂变效应"。比如：在培训者培训中，我们如果能统筹考虑培训课程、培训技术与知识、学员身心条件三个要素，并将三者有机整合，就能又好又快地提升培训教师的教育技能。因为整合培训把"备教材"与"备学生"结合起来，把现代信息技术和课堂教学结合起来，收获的是"乘数效应"。这比将三者分离开来对培训教师进行单一内容的培训，效果要好得多。

校长培训的改革路径和改革要点

校长培训的改革路径有三条：一是结构路径，与培训体系的完善和机构建设有关；二是技术路径，指的是提高培训的技术含量，加强对培训的研究，提升培训者的专业能力等；三是制度路径，涉及资源的整合，考核、问责等机制的建设等。应增加资本投入和人力投入，建立健全针对政府的政绩考核问责制度。结构路径和制度路径主要与政府有关，比较刚性；技术路径是柔性的，主要与培训机构有关。我们若要提升校长培训的水平，就一定要刚柔相济，三管齐下。

加强培训机构建设，完善培训体系

出于高校合并等多种原因，自 1996 年到 2005 年，我国独立设置的以教师培训和校长培训为"天职"的教育学院大大减少，省、地（市）教育学院由 1996 年的 240 所减少为 2005 年的 80 所。县（市、区）教师进修学校由 1996 年的 2088 所缩减为 2003 年的 1703 所，有些地方已经取消了教师进修学校。

培训质量问题更令人担忧。独立设置的教育学院被并入普通高校后，属于成人教育性质的教育培训不受重视。教师培训和校长培训走向开放也带来了质量问题，同时还带来了培训格局和培训市场的混乱。在这种情况下，各级教育行政部门和政府必须出台有力措

施，完善培训体系，加强培训机构建设，对培训市场进行有效
监管。

改革培训模式，提高培训的针对性和实效性

为了提高培训的针对性和实效性，我们要改革培训模式，以问
题为中心设计培训课程，为校长提供最有价值的知识；要根据成人
的学习特点，选择有效的培训方法，如案例教学、参与式教学、小
组研讨、挂职锻炼、实地调研、实践反思、论文写作等；可以恰当
使用远程培训手段等。

加强培训者培训

培训的发展需要高素质的培训教师。我们要加强对培训的研
究，对培训者培训给予大力支持，提高培训者的能力和水平。目前
对培训者培训的研究数量比较多，但质量不高，需要加强对培训要
素、要素之间的关系和制度改革等方面的研究。

加强校长培训研究

尽管近十年来我国校长研究和校长培训研究的质量和水平有很
大提升，但总体质量偏低，研究方法落后，思辨性质的研究方法仍
居主导地位，缺乏科学、有效的实证研究，远远不能满足实践的需
求。今后，我们需要大大加强对校长培训的实证研究。

增加资本投入和人力投入

《国家中长期教育改革和发展规划纲要（2010—2020 年）》明
确要求完善教师培训制度，将教师培训经费列入政府预算。1999
年《中小学校长培训规定》提出："中小学校长培训经费以政府财
政拨款为主，多渠道筹措，地方教育费附加应有一定比例用于培训
中小学校长工作。省、自治区、直辖市人民政府教育行政部门要制
定中小学校长培训人均基本费用标准。"而现实情况并不理想。据
广西有关部门的调查，46.80%的中小学教师认为培训经费不到位，
69.20%的中小学校长认为经费是制约"中小学教师继续教育工程"
实施的瓶颈，74.80%的培训机构和培训者认为经费不到位，

90.00%的教育行政部门管理人员认为经费不到位。江西某县 2005 年财政总支出为 55360 万元，用于教育的支出为 15182 万元，公用经费为 3318 万元。其中用于培训的费用仅为 28 万元，仅占公用经费的 0.84%。

建立健全针对政府的政绩考核问责制度

政府作为公共利益的维护者必须履行公共责任。考核问责制度对问责对象的行为具有良好的导向、监督和矫正功能。政府是校长培训的主导者，要想有效提升校长培训质量，必须强化对政府的激励与约束。建立健全考核问责制度的根本目的在于引导、监督、激励政府转变行为，推进校长培训事业健康、优质发展。

（原文发表于《中小学管理》2011 年第 11 期）

校长培训专业化刍议

随着大规模高质量校长培训工作的日益推进，"校长培训专业化"已成为中小学校长培训工作内涵发展的基本方向和研究热点。校长培训专业化本质上是从事校长培训工作的职业群体的专业化。如何理解校长培训专业化的内涵与外延？校长培训专业化对培训人员有何要求？笔者希望通过对相关概念的梳理来探讨这些问题。

专业化是指一个职业不断成熟，逐渐符合专业标准，成为专门职业，并获得相应的专业地位的动态过程。《中华人民共和国职业分类大典（2005 增补本）》将我国的职业确定为 8 个大类、66 个中类、413 个小类和 1838 个细类（即职业），但并不是每一种职业都达到了专业的境界和水准。专业是职业发展的高级阶段。根据职业的成熟度，我们可以把职业分成 3 种类型。（1）专业性职业。专业性的职业就是高级职业，也可以把它简称为专业，像医生、会计师、律师、建筑师等职业。（2）半（准）专业性职业。如护士、图书管理员等职业。（3）非专业性职业。就是没有多少技术含量的职业。像学校里的勤杂工、保安、商场售货员等职业。

某种职业要称得上专业，就必须达到和符合专业的标准。对照专业性职业的 8 条标准，考察我们当前的校长培训工作，我感到，我们的培训人员可能还未达到专业性职业这个层次，我们的专业化之路还很漫长。

第一，从业人员都经过长期的专业训练。从事专业性职业的人员，都应该经过长期的专门教育或培训。但目前，我国从事校长培训的师资基本来自教师培训部门，培训人员以兼职教师为主。在校长培训技能和知识方面，从业人员接受的训练还未能有效满足培训的需求，"培训者的培训"亟待加强。

第二，从业人员要有完善的培训知识体系。作为成人的校长，其学习方式、思维方式和行为方式与在校大学生有很大差异。因此，校长培训人员应当具有不同于一般高校教师的培训知识体系，既包括成人学习、成人培训的知识，也包括学校管理与学校发展的实践性知识。在这两类知识的积累方面，校长培训人员需要做的工作还很多。

第三，有明确的职业道德和专业伦理。医生的职业道德是救死扶伤，教师的职业道德是教书育人，那么校长培训人员的职业道德应该是什么？应有什么样的价值追求？笔者认为，校长培训界应当提出一个响亮的口号，明确自己的职业追求，让大家在这个理念的指引下有效地开展工作。

第四，进入培训行业有严格的资格限制。与专业标准不同，资格标准是指进入某种职业所必须具备的基本的入门条件如学历、工作经历、证书要求等，具有较强的刚性。现在已有研究者提出"校长培训师"的概念。校长培训师的资格获取与相关教育机构教师资格的获取应该是一致的，但我国目前还没有建立对教师培训师和校长培训师的资格认证制度。有关部门应依据《中华人民共和国教师法》和《中华人民共和国教师资格条例》，制定校长培训师的资格标准。这个标准应建立在对一般教师资格认定的基础上，重视对申请者实际能力的考核，重视对其思想品德的考察，以及对其身体条件尤其是心理健康状况的检查。

第五，有明确的从业标准和要求。现在不少国家都制定了校长专业标准，明确了校长完成其主要工作职责所需要的知识、能力和态度（三维素质结构）。为促进校长培训的专业化，我们也应该为校长培训人员制定相应的专业标准，明确其做好校长培训工作所必须具备的三维素质结构。培训专业标准的建立，有利于规范培训行为，有利于提升培训质量，有利于提升培训的社会声誉。目前有些培训人员在理念、信息、视野上都滞后于培训对象，这类人其实是不应进入培训行业的。

第六，从业人员具有较高的社会声誉和经济地位。培训人员应该比培训对象享有更高的社会声誉和经济地位。如金融领域、经济领域的培训师往往拥有很好的经济待遇和较高的社会地位。

第七，从业人员具有专业上的自主性。在专业领域应该由专业人员做主，其他人不应横加干预，尤其是行政上不要过多干预。现在，我国的校长培训依然是教育行政部门主导的培训，因此，校长培训人员的专业自主性问题亟须关注。

第八，从业人员有自己的专业组织并且发展比较成熟。校长培训人员应有自己的专业组织。目前我国全国性的校长培训组织只有全国中小学校长培训工作研究会，它每年召开一次会议。这个组织的专业活动还需要向专业化方向发展。同时，校长培训人员应有自己的专业期刊，并组织相关的专业活动。

综上，伴随着校长专业化进程的推进，校长培训专业化的要求愈加迫切，校长培训走向专业化也具备了一定的客观条件，校长培训的专业化会有一个美好的前景。

（原文发表于《中小学管理》2010 年第 2 期）

宏观管理：提高培训效益的良药

宏观管理为什么？

宏观管理搞好了，它的效益是最高的。如果宏观管理不作为，造成的浪费就会无比巨大。

加强宏观管理是培训事业发展本身的要求

从"八五"开始，我国的中小学校长培训至今已搞了 15 年，在全世界都具有领先地位，英美等国家大规模的校长培训开展得没有我们早。但我们也存在不少问题，一个已经成为共识的突出问题是我国的校长培训已进入一个高原期，主要原因不是微观、细节性问题，而是宏观管理的问题，说到底是体制性问题、制度性问题。所以，要走出高原期，必须加大宏观管理力度，这样才能使校长培训健康、可持续发展。如果我们的宏观管理是业余水平，那么校长培训的专业化就无法实现。只有宏观管理专业化，校长培训才能专业化，校长才会专业化。

加强宏观管理是培训市场拨乱反正的要求

很多社会机构都在搞校长培训，民营性培训机构与公立的培训机构存在竞争，许多民营培训机构只追求营利，"滥挖滥采"培训资源，不择手段抢夺培训生源，给培训市场造成了严重混乱，使得公立培训机构处境尴尬。行政部门应该给予一定的约束，加强对培训市场的治理和监管力度，并采取切实措施提高公立培训机构的竞争力，让校长培训具有更强的公共性和公益性，建立起充满生机和活力的校长培训新体制，为教育改革和发展做出更大的贡献。

加强宏观管理是政府转变职能的要求

要求政府提高执政能力，实际上就是要求政府人员提高工作能力。这种工作能力的提高与政府职能的转变密不可分。现在我们常说政府管了许多"不该管"的事，管了一些"管不好"的事。管不该管的事，便没有时间去管该管的事，所以要转变政府职能，"不该管"的要放，"管不好"的要调整，"该管好"的一定要加强。什么是该管好的？就是抓大事、抓规划、抓战略。所谓政府职能转变，主要有两个方面：管什么和怎么管。管什么？要管方向、管速度、管结构、管质量、管数量，这是管的内容；怎么管？过去是指令性管理，今后要通过立法、规划、拨款、督导、评估等方式来管。教育行政部门要更好地把握培训的方向，培训的发展速度，培训的结构、数量、质量。在方式上不再是直接管理，而是通过制度、规划、拨款等手段进行管理。

宏观管理怎么管？

各级教育行政部门应当思考对于本区域的校长培训而言，哪些问题具有全局性、前瞻性、战略性的影响。宏观管理应该侧重于战略性、全局性、前瞻性的问题，我把它们分解为三个方面。

结构性问题

培训基地的布局结构。近年高校合并现象很普遍，许多教育学院被并掉了，这对以前的四级培训基地结构有很大影响。以前四级结构包括国家级的两个中心、省级教育学院、地市教育学院和区县教师进修学校。现在的结构就不那么整齐了。合并之后，我们发现有关领导更多地重视职前培养，不重视职后培训。这与终身教育的理念是相悖的。

关于基地布局，我有两点想法。一是重新布局。我看到一个省的材料，其中认为可以委托师范大学和一些高校机构来重建培训机构，自己制定标准。这一点值得借鉴。二是重新布局时的地域分布问题，培训机构与研究机构的整合问题。特别是一些区县教师进修学校与当地教研室合并，效果很好。过去培训、工作、研究是三张皮，现在要结合起来。

师资结构。首先是养与借的问题。我认为借总是有限的，国内资源总量就那么大，一些讲课很好的教师非常累，各地都在请，所以有必要正视这个问题。"无专不稳"，没有自己的专职教师，就很难把自己的培训工作稳定下来。因为外借教师难以管理，一旦出了问题，教学计划就要变动。还有一句话叫作"无兼不活"，也说明兼职教师的重要性，但我认为专职教师队伍一定要加强。其次是培训师资的培训问题。培训师资问题当前已经成为制约培训质量的主要瓶颈，国家级和省级的校长培训机构应该把培训各地的培训师资作为一项重要工作，不能把注意力全集中在校长身上。再次是资格要求。我认为对校长应该有较高的资格要求，包括实践上、理论修养上。有了这个要求，就会吸引人才，把事业做得更好。最后是培养和使用的关系问题，即不仅要用，而且要养。怎样培养自己的老师？可以有几个途径：让教师到大学做访问学者，通过参加"高校教师学历提高计划"申请硕士学位，参加一些时间短、见效快的短训班。

知识结构。什么样的知识对校长最有价值？必须教给校长有用的知识，应根据校长的职业角色提供知识支持。校长的角色如下。第一，管理者的角色。这是校长最熟悉的角色。第二，教育者的角色。我们做了调查，校长能成为管理者往往是因为在做教师时书教得好，然后做中层干部、副校长，最后当了校长。很多同志成为校长后就不教书了，课也很少听了，这就离教改、课改越来越远。2003 年某市对中小学校长做了一个调查，其中一道题目是校长对当前的课改是否熟悉，结果是回答非常不熟悉和比较不熟悉的占大部分。我认为，教育改革最终发生在课堂上，不管体制怎么变化，经费怎么投入，如果没有对实实在在的教育过程产生影响，那么改革都是表层的。可以说目前校长的教育者角色做得不好。校长要做好教育工作就要懂教学，就要走进课堂。当然中国校长的压力很大，担子很重。我认为校长可以不教书，但应该做到常听课、会评课。学校的一把手不抓教学，无异于不务正业。事实上，对平时一些事务性工作校长可以分权，校长应该抓最核心的工作。第三，领导者的角色。管理是把一件事做正确，而领导是做正确的事，二者差异很大，领导者要把握方向。随着政府职能转变，学校会有越来越多的自主权，校长对学校发展要有很强的领导能力、规划能力。校长的领导能力目前相对不足。反思过去，可以发现，"八五""九五"期间，我们提供给校长的培训教材没有专门关于教学的，主要是为了提高校长的管理素养。"十五"时就有了很大改观，有一本专门的教材是关于教学与课程改革的，弥补了原有的缺陷。

在将来的教材编写中，我们要着重考虑校长的职业角色，据此为校长提供服务。我认为知识结构应该与校长的职业角色相对应，应该消除过去在知识传授中偏重"管理者"角色塑造、忽视"教育者"和"领导者"角色塑造的弊端。

制度性问题

我们的培训制度是比较完善的，但现在相应的配套机制还远远不够，导致培训比较混乱。好的培训制度能改善培训秩序，使培训更为公平、更有效率。建立一个公平高效的培训秩序，我认为是当前培训制度建设的首要任务。一些省份在培训制度方面的创新值得借鉴。比如有的省份在培训经费制度建设上做出了突破，山东省的专项督导制度做得也很好，有的省市还建立了比较完善的质量监控制度等。

教育部小学校长培训中心在对校长进行调训时，有的校长不敢来，说本地正在搞人事调整，如果外出一个月，回来时可能校长就不是他了。这说明培训与使用是脱节的，所以校长管理制度必须有完整的设计，将培训与使用结合起来。还有一个问题是对校长的多头管理，教育行政部门对校长往往没有人事管理权限，校长属于组织部门或人事部门管理，使得"人"权与"事"权分离，这对校长的专业化造成了一定影响。另一个问题是校长的监督制度问题。最近几年校长出事的较多，一方面与自律不严有关，另一方面与监督制度不健全有关。制度完善了可以保护人，使得人没有机会做错事。我们的监督制度不健全，可能把一些校长给害了。所以，完善的监督制度，可以使我们的校长更好地施展才干，不至于走歪路。

最后是职级制的问题，职级制是教育职员制度的一种，校长职级制主要是针对原来的校长职位与行政级别挂钩的校长管理制度。一些地方试行了职级制，但总体而言效果并不是非常理想。个别地方成效较好，又因为中国地区差异很大而难以推广。《2003—2007年教育振兴行动计划》中就没有提职级制。对推行职级制应当慎重，不能一窝蜂地都去搞。

价值性问题

这个问题比较虚，所以常不被关注，但有时越是虚的问题越重要。比如做培训，什么样的培训是好的培训？标准是什么？到底要把校长培训成什么样的人？什么样的校长对社会最有价值？对这类基本性的问题需要重新思考。与之相关，我们必须再思考我们的教育目的。培训校长是为了更好地培育下一代，那么我们的教育到底要培养什么样的人？校长培训应该有一个灵魂、一个根，不是为完成任务而完成任务。什么样的孩子对社会贡献大？什么样的孩子会有快乐的一生？考高分的孩子未必对社会贡献大，他也未必快乐。

如果我们培养的是只能考高分但对社会贡献不大、自身也不快乐的孩子，这不是理想的教育。这些问题，应该在校长培训中让校长们进行充分的探讨。

宏观管理依据何在？

专业化。怎样让校长培训专业化水平更高？一是培训机构专业化，培训机构需要进行资格认证。二是师资专业化，对教师要有要求，注重他们的发展。三是组织活动的专业化。比如全国中小学校长培训工作研究会应该怎样开展活动？应该怎样开展培训研究？怎样加强各级各类培训机构之间的日常交流？

均衡化。学校均衡发展的前提是校长的均衡发展，是培训的均衡发展，是培训资源，尤其是优质培训资源的公平配置。在这一点上目前问题比较多。各层级的公立培训机构应有良好的道德形象。作为国家的培训机构，应追求公益性，注意维护政府形象。中国毕竟富校长少，穷校长多。我们的培训更应该关注谁，值得大家思考。现在一个现象是，有的地区校长受到过度的培训，名校、重点校的校长参与培训的机会很多，但越是需要培训的穷校长越是没有机会，所以我们的培训也需要均衡发展。同时对于副校长、中层干部培训，我们做得不够，在下一个五年计划中应该解决这一问题。

校本化。校本化也可理解为本土化、区域化。结合本地区、本校实际，为促进学校发展搞培训，必须围绕学校中的实际问题。另外，应该将校长培训、校长自身的管理工作与校长个人研究三者充分结合。中国是穷国办大教育，也是穷国办规模较大的校长培训。所以，要提出低成本的战略，花较少的钱去办较多的事。只要好好设计一下，我想这是可以做到的。如果基层培训机构的培训能力提高了，培训将更能结合当地实际，也会节省不少成本。我还提倡校长的自我培训、自我提高，它们可以依托一些组织形式开展，如区域性校长论坛、网络等。我始终反对豪华培训，豪华培训不适合中国国情。

（原文发表于《中国教育报》2005 年 9 月 6 日第 5 版）